対人援助
のための
コラボレーション
入門

みんなの
システム論

赤津玲子
田中　究
木場律志 ——編

日本評論社

はじめに

　対人援助の現場における協働が声高に叫ばれている昨今，本来もっと出番が多くなるはずの「システム論」は，どこに行ってしまったのでしょうか。心理職であれば，システム論と聞くと家族療法を思い浮かべる方が多いと思いますが，「家族療法ではないシステム論」について書かれた本はとても少なく，「何を読めばいいのですか？」と，わたしたち編者3名は（たぶん）多くの方から質問攻めにあっていました。そうして集まったわたしたちは，「読みたい人が多いに違いない」妄想に取りつかれ，「きっと売れるに違いない」歪まぬ信念に基づき，ともにザイルを結び，システムという名の山岳地帯に登頂を始めました。結果として登った山の名が，『みんなのシステム論』です。

　本書は，最新のシステム論の考え方をわかりやすくまとめたものです。システム論に基づくシステムズアプローチでは，人はさまざまなシステムのなかに存在し続けていると考えます。そのため，人の行動や考え方は，支援者を含むシステムの関係や状況によって常に変化する可能性をもっていると捉えます。一人のクライエントを支援するのはもちろん，問題とみなされている本人に会わずに支援をすることもできます。支援者同士も含めた組織における多様な手のつなぎ方など，身近な人間関係を捉え直す視点を提供してくれるのです。

現在，対人援助の流れは「ナラティヴ」から「会話」「ダイアローグ」など過去に拘泥せずに未来を語る方向に進んでおり，臨床家としてはとても楽しみでエキサイティングな流れができています。しかし，それらを生み出した流れの1つだったシステム論は，どこかに忘れ去られているようです。「原因は何か」と突き詰めていくと，わたしたち「中間管理職」（中堅のシステムズアプローチ実践者）の怠惰に行きつくしかありません。いや，システムズアプローチは物事を循環的に捉えますので，わたしたちが何もしないことにより，システム長老ら（システムズアプローチの先達）が同じ主張を繰り返さざるを得ない悪循環になっている，と考えてもよいかもしれません。

　このような事態に危機感を抱いたわたしたちは，最新のシステム論であるオートポイエーシスやラディカル構成主義などに注目し，システム論を脇役ではなく主役にするような山登りを考えることにしました。

　「パート1 基本編」の第1章では，システム論の歴史を「システム今昔物語」として読み直し，さらに，最新の状況，「システム論のイマココ」につながる流れを作りました。読者のみなさまには，目からウロコの展開になることをお約束いたします。第2章「みんなのシステム実践入門」は，システム実践の宝石箱のように，15のポイントが従来とは違った新しい言葉や形式で表現されています。どのような援助現場にも似合いそうな，みなさまが気軽に身につけられそうな宝石が詰まっています。あの現場にもこのケースにもと，ワクワク気分になること間違いありません。「パート2 応用編」となる第3章以降は，わたしたちの声かけに応じて一緒にザイルを組んでくれた仲間たち，さまざまな現場におけるシステム実践者の取り組みを紹介しています。身近な現場から読んでいただいてもかまいませんし，よく知らない現場でも「わかるわー」「アルアル事例」などと思いを重ねられるかもしれません。"システムMEMO"も一緒に楽しんでいただき，宝石箱との間を行ったり来たりできると思います。

　『みんなのシステム論』の登山は，ハーケンを打つところから始まりましたが，最終的に楽しい山登りができるような新しい道を作ることができた

と思っています。続くみなさまの登山によってその道が踏み固められていきますよう，何度でも登りたくなる身近な山になりますよう，心から願ってやみません。

赤津玲子

目次

はじめに……3

パート1 基本編

第1章
今日から始める, システム論……14
>>> 赤津玲子

1｜スタート──はじめに……14
2｜往路──システム今昔物語……14
　　Ⅰ) システムって, 身近なことば ／ Ⅱ) システム, 活字になる ／
　　Ⅲ) システム, その前に科学の時代がやってきた ／ Ⅳ) システム,
　　生物学で展開する ／ Ⅴ) システム, サイバネティクスと交差する
3｜復路──システム論のイマココ……22
　　Ⅰ) フェルスターによる認知心理学 ／ Ⅱ) ベイトソンらによるコ
　　ミュニケーション研究
4｜ゴール──おわりに……32

第2章
みんなのシステム実践入門
15のポイント……33
>>> 田中 究

1｜システムという視点……33
2｜システムを捉える① 対象をシステムとする……34
3｜システムを捉える②
　　支援者と対象システムの相互作用……35
4｜システムを捉える③ 支援者の自己観察……36
5｜ジョイニング……38

6｜フレーム……40
7｜円環的思考……42
8｜リフレーミング……43
9｜コミュニケーション・パターン……45
10｜解決努力の循環……46
11｜問いかけること……49
12｜言語システムとコラボレーション……50
13｜「わたし－あなた－問題」の三項構造……52
14｜生命と死……53
15｜ネオ・サイバネティクス あるいはオートポイエーシスの可能性……54

パート2 応用編

第3章

みんなのコラボレーションで治す摂食障害
心療内科病棟におけるシステムズアプローチ……58

>>> 木場律志

1｜援助者として，どうかかわる？……58
2｜「心療内科」という診療科……59
3｜「心身相関」という，心と身体の「システム」……59
4｜摂食障害をめぐる「システム」……61
5｜ある摂食障害患者のお話……63
　Ⅰ) うまくいかない「システム」／ Ⅱ) 今までにない「システム」へ／ Ⅲ)「システム」に加わる／ Ⅳ) 新たな「システム」／ Ⅴ) 広がる「システム」／ Ⅵ)「システム」のその後
6｜摂食障害をめぐる「システム」で，何が起こったのか……71
　◎システムMEMO……72

第4章

精神科病院の入院治療……75

>>> 堀込俊郎

1｜はじめに……75
2｜情報収集とジョイニング……76
3｜治療チームのシステム……79

4｜リーダーへのジョイニング……81
5｜病棟全体のシステム……82
6｜CBTもどき……84
7｜リーダーへのジョイニング(リベンジ)……86
8｜入院治療の終結……87
9｜考察……88
　　◎システムMEMO……90

第5章
産業保健のシステムを支援する
職場のアルコール問題事例から……94

>>> 松浦真澄

1｜はじめに……94
2｜経緯と背景……95
　　Ⅰ) 組織 ／ Ⅱ) 登場人物 ／ Ⅲ) 問題の経緯 ／ Ⅳ) 面談場面の経緯
3｜考察……106
4｜おわりに……106
　　◎システムMEMO……107

第6章
スクールカウンセリングに活かす
システム・シンキング……110

>>> 伊東秀章

1｜はじめに……110
2｜事例の概要……111
3｜事例の経過……112
　　Ⅰ) 情報収集と仮説設定 ／ Ⅱ) 介入 ／ Ⅲ) 教員へのコンサルテーション ／ Ⅳ) 教員全体の方向性の決定 ／ Ⅴ) B先生，クラス，サポートシステムの変化
4｜考察……118
　　Ⅰ) 職員室の主訴聞き取りとサポートシステムへのジョイニング ／ Ⅱ) 未来志向・外在化によるコンセンサスの構成 ／ Ⅲ) B先生へのコンサルテーションによるエンパワメントと協働
5｜おわりに……121
　　◎システムMEMO……122

第7章
思いが交錯するシステムのなかで，私はどう振る舞う？
訪問看護の事例から……124

>>> 横田益美

1 | はじめに ……124
2 | 事例の概要 ……125
3 | かかわりの経過 ……125
  Ⅰ）「横暴でわがままな父親」がいる家族へのジョイニング ／
  Ⅱ）喧嘩が絶えない夫婦のコミュニケーション
4 | 父親によるDV・虐待問題 ……129
5 | 一人ずつになる（別居から離婚へ）……132
6 | 考察 ……133
7 | おわりに ……135
  ◎システムMEMO ……136

第8章
意向を表出できない本人と家族の支援で感じた困難
システムズアプローチを「知る前」と「知ってから」……139

>>> 濱田美由貴＋安江高子

1 | 介護支援の難しさとシステムズアプローチ ……139
2 | 事例の概要 ……140
  Ⅰ）支援対象者 ／ Ⅱ）関係者
3 | 事例の経過 ……142
  Ⅰ）支援開始〜2年9ヵ月 ／ Ⅱ）支援開始後2年10ヵ月〜3年10ヵ月 ／ Ⅲ）支援開始後3年11ヵ月〜
4 | CMにとっての3つの「困難」とその変化 ……144
  Ⅰ）困難① 娘からの頻繁な連絡や要求 ／ Ⅱ）困難② 長女－ヘルパー－CMの関係性 ／ Ⅲ）困難③ 本人の状態悪化に伴う娘の要求増加
5 | 考察 ……148
6 | おわりに ……150
  ◎システムMEMO ……151

第9章
# がん治療におけるシステムズアプローチ……153
>>> 吉田幸平

1 | はじめに……153
2 | ケース概要……154
3 | 外来初期～入院1期……155
　　Ⅰ）入院1期・第3回面接 ／ Ⅱ）外来・第3回面接
4 | 入院2期～外来後期……159
　　Ⅰ）入院2期・第1回面接 ／ Ⅱ）入院2期・第3回面接 ／ Ⅲ）入院2期・第5回面接 ／ Ⅳ）外来・第4回面接 ／ Ⅴ）外来・第12回面接
5 | 考察……166
6 | おわりに……166

　　◎システムMEMO……167

第10章
児童養護施設における多職種連携
ファシリテーターとしての心理職のありよう……170
>>> 辻 育子＋赤津玲子

1 | はじめに……170
2 | 村のよろず相談所……170
3 | 事例の概要── サヤカ……171
4 | 保育士の相談── ミキさん……172
5 | それぞれの思いを汲んで……175
6 | "よろず相談所"の役割……181
7 | おわりに……182

　　◎システムMEMO……182

第11章
# 少年院におけるシステムズアプローチ……185
>>> 法澤直子

1 | はじめに……185
2 | システムの理解と合流……186
　　Ⅰ）少年院での生活 ／ Ⅱ）システムの理解 ／ Ⅲ）システムへの合流

3｜システムのなかで機能するために……189
　　Ⅰ）関係性を固定化させない ／ Ⅱ）属性のすべてを活用する ／
　　Ⅲ）自身の行動の妥当性を検証すること
4｜システムズアプローチには何ができるのか……193
　　Ⅰ）見方，捉え方を広げる ／ Ⅱ）広がった見え方を波及させる
5｜少年院におけるシステムズアプローチ……197
　　◎システムMEMO……197

第12章
どうしてここに来たのかな？
私設心理相談におけるニーズをめぐる考察……201
　　　　　　　　　　　　　　　　　　　　　>>> 安江高子

1｜はじめに……201
2｜事例……203
　　Ⅰ）初回面接 ／ Ⅱ）第2回～第3回面接
3｜考察……208
　　Ⅰ）来談者のニーズについて ／ Ⅱ）ニーズの「活用」について
4｜おわりに……213
　　◎システムMEMO……213

あとがき……216

参考文献……220

パート1

基本編

パート1 基本編

第1章 今日から始める，システム論

赤津玲子

1 スタート ── はじめに

　システムの本を読むと，熱量やエントロピーなど物理学や数字ばかり出てくるし，「動的平衡」など難しそうな用語が多いです。「読む前からゲンナリ」と思っている方のお耳，いや，正確にいえばお目々を拝借できるような話をしたいと思います。
　往路は「システム今昔物語」と称して，システムの歴史の話をします。折り返しの復路は「システム論のイマココ」とし，現在のシステム論の理論的背景について紹介したいと思います（イマココは hear & now の意味です）。
　システム論へようこそ。May the system be with you!

2 往路 ── システム今昔物語

Ｉ）システムって，身近なことば

　ひと昔前から，システムキッチンという用語が使われるようになりま

した。キッチンは，シンク（流し台），コンロ，調理台，収納棚，食洗器などで成り立っています。昔はみんなバラバラだったので，洗った野菜をまな板に載せるのに水を滴らせ，切った野菜を鍋に入れるのに移動しなければなりませんでした。システムキッチンになることで，洗う，切る，調理する，並べる，片づけるなど料理に関する一連の流れがとてもスムーズになったのです。別個にあったものを1つにまとめることで，キッチンを清潔に保ち掃除をしやすくし，料理の作業効率を高めることができました。

このように，システムという用語には，まず「全体としてまとまった」感じがあります。システムはいくつかのパーツ（部分，要素）から成り立っているみたいです。パーツの並び方（構造）にはある程度の「一般的な決まり（関係）」がありそうだし，「使いやすさ（機能）」は欠かせないようです。システムって，なんだか便利そうですね。

Ⅱ）システム，活字になる

システムは，英語で書くと system です。日本語だと，系，組織，体制，秩序などと訳されます。そのため，日本語に翻訳された書物だけ読んでいると，英語の system がみえてきません。さっと調べてみると，「システム」という用語を初めて使った人は社会学者のコントだという説が有力なようです。19世紀末，フランス革命の時代に生きた人でした。当時のヨーロッパ全体が，啓蒙思想を背景に革命や運動によって変化し，人々の意識が大きく変わりつつあった激動の時代だったようです[3]。

以下，この時代より前の，中世ヨーロッパの生活意識から出発し，宗教の時代から科学の時代へと移り変わる流れから，システムの足跡を探してみましょう。

Ⅲ）システム，その前に科学の時代がやってきた

　わたしたちは，災害で多くの死傷者が出ると，気象予報の精度を上げようとしたり，緊急時の避難場所を考えたりします。子どもが病気になると病院に行って診断してもらい，薬を処方してもらいます。しかし，中世ヨーロッパの人々の生活の中心は宗教でした。どういうことかというと，災害や飢饉が続いたり子どもが病気になったりすると，それは神様への信心が足りないからだと考えるほど，あらゆることが宗教に結びついていたのです。しかし科学の時代が到来し，宗教は科学にその地位を譲り渡すことになりました。科学が生活の中心になることについて，少し考えてみましょう。

　科学であるためのキーワードは，「整頓（分類）」「分析・測定」「原因－結果」「客観性」「再現性」などです。まず，モノやコトが整頓され，名前がつけられました。たとえば，急に道路で叫び出したり，走り回るなどの行動に名前をつけることで「〇〇障害」になります。道路で叫ぶ行動は，もしかしたらその人にとって何らかの意味のあるものかもしれないのですが，名前がつくことで安心できます。顕微鏡などの発明は，さまざまなモノをより小さな単位に分解することで細菌やウィルスを発見し，病気の原因を明らかにしました。秤や定規など測定器具が統一されることで，たとえば商売の公平さは保たれるようになりましたが，体重のようにはっきりと数字にされることで一喜一憂するものが増えました。科学的な説明をけん引した「実験」では，観察者を含む自然の影響を排除して「原因－結果」をはっきりさせなければなりませんでした。観察されたことは「客観的」なもので，その結果は数字で示さなければならず，何度繰り返し実験しても同じ結果が得られるという「再現性」が求められます。19世紀になると，世の中が宗教を通してではなく科学的に理解できること，科学的な方法で対処できることがわかってきたのです。

　このように科学という考え方が全盛期を迎えつつある頃，それらに異

図1-1 ルビンの壺

議申し立てをした人たちがいました。知覚現象や認知活動などを説明するゲシュタルト心理学の研究者たちです。図1-1は心理学でよく使われる「ルビンの壺」という図ですが，黒い部分と白い部分のどちらを図として，どちらを地として見るのかは人によって異なっています。ゲシュタルト心理学では，知覚は黒い部分や白い部分など一つひとつの要素だけではなく全体的な枠組みに影響されると考えます。ウェルトハイマーは，「全体のなかの部分は，内的関係の補い合いである」と説明しています（18）。部分に起こることは，全体のなかの部分間の関係によって決定されるのです。ちょっと今ふうに言い換えると，「小学校1年生Aくんの授業中の立ち歩き（部分に起こっている現象）は，教室内のさまざまな関係によって成り立っている」となるかもしれません。「部分」だけではなく「全体」「関係」など，少しシステムみたいな感じに近づきました。ドイツで生まれたゲシュタルト心理学の研究者たちは，第二次世界大戦を機にアメリカに渡り，サイバネティクスの研究者らと交流していくことになります。

Ⅳ）システム，生物学で展開する

アメリカに渡ったゲシュタルト心理学の研究者たちを追いかける前に，生物学の領域でシステム論に関する画期的な出来事があったので，そちらを先にのぞいてみましょう。

1931年，キャノンによって「ホメオスタシス」（恒常性維持）が提唱されました。例を挙げてみましょう。わたしたちの身体は暑くなると自然に汗をかき体温を下げようとしますが，寒くなると鳥肌が立って毛穴を閉じ発汗を防ごうとします。このように，人の身体は皮膚を通して環境と相互作用しており，体温を一定に保つような仕組みが備わっています。ホメオスタシスは生体に備わっている循環的なシステムで，細胞など部分の単なる寄せ集めとは異なります。わたしたちのように生きているシステムは，実験室のような閉鎖的な空間と異なり，環境と相互作用をしています。生物学者のベルタランフィは，実験によって環境を排除しなければならなかった状態を「閉鎖システム」と捉え，それに対して環境と相互作用している生きたシステムを「開放システム」と説明しました(14)。

科学における「原因－結果」は一方通行でしたが，システムの特徴は「部分間の相互作用の連鎖」です。部分が「相互作用」して「関連性」のある全体を作り出します。生きたシステムを開放システムと捉える考え方は，人を対象とした学問である精神医学や社会学に取り入れられました。ミラーは精神医学領域にシステム論を持ち込み，一般生物体システム理論によって細胞から国家までをシステムで説明しようと試みました(16)。ミラーの理論の説明として現在よく使われているのは右の図（図1-2）です。この考え方は，医療や福祉領域など対人援助の理論として広く援用されているので，システム的な見方というのは，この図を使って表されることが多いと思います。当時のアメリカは，精神分析の全盛期を経て，DSM（『精神疾患の診断・統計マニュアル』）が作成され始め，版を重ね

図1-2 ミラーによる一般生物体システム理論

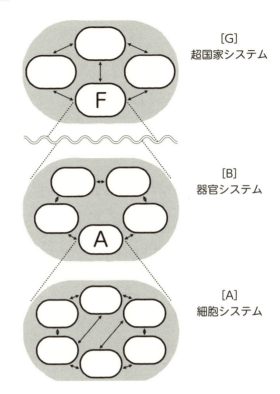

ていた時代です。ミラーは，一人の人間を理解する時に，個人の心のなかだけを分析したり，症状だけに焦点を当てたりするのではなく，その人の置かれた状況や背景を広く捉えて理解しなければならないと考えたのです。

V）システム，サイバネティクスと交差する

アメリカに渡ったゲシュタルト心理学の研究者たちはさまざまな学問領域で活躍しましたが，その領域の1つがサイバネティクスでし

た。1942年，サイバネティクスという1つの考え方に興味をもった数学者や神経生理学者，社会学者らが集まり，The cerebral Inhibition Meetingが開かれました。それは，1946年から始まるサイバネティクスに関する学際的な取り組みである，通称「メイシー会議」の開催につながりました。のちに正式にサイバネティクスと呼ばれるようになった考え方をめぐって，多彩な学問領域の研究者らが集まったこの会議に，ゲシュタルト心理学者のレヴィンやケーラーが参加していたのです。注目されたのはゲシュタルト（個別的な刺激には還元できない，全体的なまとまりとしての見え方）を生み出す知覚で，会議の大きなテーマの1つでした(11)。

1948年，数学者のウィーナーが，『サイバネティクス：人間と機械における制御と通信』(19)を発表し，大きな話題となりました。科学の実験では「原因－結果」をはっきりさせていましたが，サイバネティクスでは，これを「入力－出力」と捉え，出力のフィードバックが次の入力に影響を与えると考えます。たとえばエアコンは温度設定をしておくことで，自動的に一定の室温になるよう調整することができます。ホメオスタシスの機械バージョンのような感じです。

もう少し身近な例で説明しましょう。

フィードバックというと，たとえば「新製品を使った感想を企業にフィードバックする」「テストのフィードバックを行う」など，何かの結果を相手に戻すというイメージです。科学的な実験による「原因－結果」では，「再現性」つまり同じ結果になることが大切でしたが，サイバネティクスでは，目的に沿った結果（出力）を出せるように入力をフィードバックします。

たとえば，わたしが学生Aさんのレポートにフィードバックする場合を考えてみましょう。Aさんのレポートは，タイトルもなく段落も区切っていなかったため，修正点のポイントを書き込んでフィードバックしました。すると，次のAさんのレポートはタイトルと段落がつけられ，書く内容が整理されていました。フィードバックによって，A

さんのレポート内容に関する選択肢は一見かなり制限されたように見えますが，目的に沿ったかたちで展開されていました。Aさんのレポートがわたしへのフィードバックとなって，わたしは次もコメントを返しました。レポートを書くという目的をわたしとAさんが共有して，それに向かって一緒に努力していくという感じです。このような相互作用が続くと，もしかしたらAさんがやる気を起こして面白い研究を始めるかもしれません。でも，Aさんのレポートが変化しないと，わたしもコメントを書かなくなっていきます。行動の選択権は，常に受け手側にあるのです。

　ウィーナーが発表したサイバネティクスは，ホメオスタシスのようにシステムの形を維持する方向にフィードバックするものでした。Aさんからレポートの変化というフィードバックがないと，わたしもコメントを書かなくなり，「そだねー」と現状を維持するようになります。これを「そだねーループ」としましょう。それに対して，わたしとAさんの取り組みが展開し，形を変えていくのが「イケイケループ」です[13]。「そだねーループ」はシステムの形を維持する方向に動いているように見え，「イケイケループ」は変化が変化を生み出し続けているように見えるため，一見「イケイケループ」のほうがよいように思えますが，実はそうではありません。厳密にいうとシステムにはどちらのループも含まれており，「イケイケループ」が変化を生み出すとか，「そだねーループ」が変化していないと決められるものではないのです。これらの考え方はのちに，この後で触れるシステム生成に注目した自己組織化の流れにつながります。

　システムの考え方は，従来の科学的思考である「原因－結果」に対して，新しいモノの見方である「相互作用の連鎖」を提案しました。復路で扱うシステム論はサイバネティクスになりますが，これまでよりもわたしたち人，そして人と人との関係を説明する理論となっていきます。

3 | 復路 ── システム論のイマココ

　復路は，サイバネティクス会議から生み出された2つの理論背景についてまとめてみます。1つ目は，1958年にフェルスターによって設立されたイリノイ大学の生物コンピューター研究所（BCL）における認知心理学です。2つ目は，ベイトソンが家族療法家のジャクソンらとともに，統合失調症の家族研究からダブルバインド理論を生み出し，家族療法やブリーフセラピーに影響を与えたコミュニケーション研究の流れです。ジャクソンらはパロアルトにメンタルリサーチ研究所（MRI）を設立しました。

Ⅰ）フェルスターによる認知心理学

　BCLは，神経生理学者のマカラック，数学者のアシュビー，生物学者のマトゥラーナとヴァレラらを招聘し，認知心理学の領域から新しいサイバネティクスの考え方を発表しました。それは，自己組織化や再起性，自己言及をテーマとして発展しました。ここではフェルスターによる「構成主義への道のり」「二次観察」「二次観察の誤解」について，またマトゥラーナらの「オートポイエーシス」について説明します。

■ 構成主義への道のり
　まずはじめに，システムの自己組織化についてごく簡単に説明します。
　たとえば，単純にわたしたちの身体の成長を考えてみましょう。わたしたちの身体は，細胞分裂を繰り返して器官ができ，人という有機体が組織されていきます。先ほどの「そだねーループ」と「イケイケループ」を思い出してください。身体にとって「イケイケループ」は，一部そのようなループがみられつつも，システムの維持という観点からする

と命の危険が伴うループとなります。それに対して,「そだねーループ」は形を維持しようとして一見変化していないように見えますが,生物学的な成長のように形を変えながらシステムを維持する方向に変化します。たとえば身長が伸びようとする時に,神経や細胞などを変化させないように維持するのではなく,伸ばす方向に一緒に変化させることでシステムが維持されます。このようにシステムが新しく生み出すプロセスを継続しながら,安定した細胞などの形や関係も同時に生み出すことを自己組織化といいます(12)。

　フェルスターは自己組織化に言及しつつ記憶の研究に取り組みました。当時の記憶研究は,コンピューターの開発で盛んになった情報処理理論(符号化,貯蔵,検索など)によって説明されていました。しかし,情報は個人のなかで意味づけられ,同時に再帰的な処理も行われます。たとえば,「このコーヒーは美味しい」(今の情報),「後輩がこのコーヒーが美味しいことを教えてくれた」(出来事を振り返った時点の情報),「今朝コーヒーを飲んだ時に,後輩がこのコーヒーが美味しいと教えてくれたことを思い出した」(振り返った時点を振り返った情報)と,わたしたちは自分の過去の振り返りを重ねます。このプロセスは外部からは見えないのですが,個人のなかで再帰的な会話を生じさせます。フェルスターは,認知のプロセスを情報処理ではなく再帰的な個人の意味づけのプロセスであるとし,システムの視点を内部に置いて,過去の相互作用と相互作用することを説明したのです(6)(10)。

　記憶の研究でフェルスターは,情報は環境のなかにあるのではなく,それらを取り入れた人のなかで生み出されると考えました。同じものを見たり聞いたりしても,人によって違って見えたり聞こえたりします。それらの考え方は,1973年の *On Constructing a Reality* (7)につながりました。わたしたち個人の経験の違いによって異なる知覚が生み出され,現実が構成されるのです。このような構成主義の考え方は,独我論(自分だけが存在する者で,他はみな幻想にすぎない)ではないかと批判されること

があります。しかしフェルスター(19)は，わたしたちのアイデンティティは他者との関係（コミュニティ）においてのみ確立されると主張しています。

■ 二次観察

「二次観察」は，従来のシステムが当たり前のように観察者の視点を外部に置いていたことに対して，観察者の視点を内部に置くという画期的な見方を提供しました。後に，セカンドオーダー・サイバネティクス（観察しているシステムの観察）と呼ばれるようになったものです (8)。マトゥラーナらの考え方を取り入れたもので，これによって従来の視点である「観察されたシステムの観察」（通常のコミュニケーション）は，「一次観察」と位置づけられました。

ある小学校の例で説明してみます。

1年生の教室で子どもの喧嘩が起きました。子どもたちが遠巻きに見ているなか，担任の先生が喧嘩をしていた2人に理由を問います。先生は子どもたちの話を聞きながら状況を把握します。このように，先生が子ども2人の訴えを理解しようと話を聞いていることを「一次観察」とします。観察というよりも，話をちゃんと聞いているという感じです。一方で，先生は「遠巻きに見ている子どもたちが，自分と2人のやりとりをどのように見ているのか」についても気にしています。小学生ですから，先生がどんなふうに怒るのか興味津々です。担任の先生が子どもの話を聞いている時に，その関係が周りからどんなふうに見えるのかについて考えることを「二次観察」といいます。喧嘩した2人を指導する場面には当然，他の子どもたちに対する教育的な意味合いが含まれます。先生の行動がまわりの子どもたちからどう見えるのかが，その後の先生と子どもたちの関係に影響を及ぼすでしょう。

二次観察とは，この場合，先生を含む相互作用について先生自身が考えることです。それは，システムの置かれた相互作用（先生と2人の子ども）を，より広い文脈の相互作用（先生と2人の子どもを見ている他の子どもたち）に

広げるものです。先生が2人の子どもとの相互作用で指導するのはもちろんですが，それをより広い相互作用の一部として捉えることで，周りの子どもたちにもメッセージを送ることができるのです。

■ 二次観察の誤解

　フェルスターの二次観察の視点を面接に取り入れたのが，家族療法やブリーフセラピーでした。フェルスターは家族療法とはまったく関係のない人でしたが，家族面接のインターセッション中（面接者が席を外した時）に，マジックミラー越しに音声を消して家族を見た時の風景を，「音楽の邪魔のない言語のダンスステップ」と説明しています(9)。フェルスターが目にしたものは，これまでマジックミラー越しに見ていたはずなのに見えていなかったもの，非言語による家族のコミュニケーションでした。

　わたしたちはコミュニケーションにおいて，何かに意識を向けると，それだけがすべてのように思えてきますが，意識を向けるということは同時に他のものが見えなくなることでもあります。意識したものを意識しすぎると，意識が向けられていないことが無限にあるということになかなか気づけません。二次観察は，自分を含むシステムを観察することによって，自分の「見る意識によって見えなくなっているもの」を見ることを可能にします。当時の家族療法では，通常の面接では面接者が「観察された家族システム」を見ているので，一次観察をしていることになります。そして観察室から「面接者が参加している家族システム」を見ることが二次観察となります。その結果，面接室で面接者が見ることができていないもの，見ることを難しくしているものなどを見ることができるようになり，面接の可能性が広がりました。

　もともと家族療法は，観察室を用いて面接を観察するという「二次観察」の形式を，家族による「巻き込まれ」を防いだりトレーニングに使ったりなど，客観性の担保のように扱っていました。それがいつの間に

か，介入のためのツールとしての側面が強調されてしまい，今ではセカンドオーダー・サイバネティクス＝介入という見方をされることが多くなってしまったようです。背景には，治療 (therapy)，戦略 (strategy)，介入 (intervention)，権力 (power) など，使用された用語や訳語の問題もあるかもしれません。1980年代になって，家族療法はその点も含めて批判されることになりました (20)。

■ オートポイエーシス

二次観察と同年に，マトゥラーナとヴァレラによって新しいシステム論であるオートポイエーシスが発表され，1973年はシステム論にとって記念すべき年となりました (11) (14)。オートポイエーシスとは，自己（オート）を産出（ポイエーシス）するという意味です。マトゥラーナらは，色の体験（たとえば何色に見えるか）が，光の波長によって一義的に決められるのではなく，個人の神経システムの構造（経験）によって違った色に見えることを示しました。光の波長によってさまざまな色が発生しますが，同じ波長を見てもわたしには少しオレンジのような赤に見えるのに対して，友人には濃い赤に見えるかもしれません。その違いは，網膜の神経システム構造（経験）によって生じています。構造の違いを生むのが個人の経験であり，個人の経験が知覚に影響すると考えられています。人によって見えるものが異なりますが，これまでの知覚研究では知覚プロセスのどこが異なる認知を生み出すのか明確にされていませんでした。神経システムの構造が異なっているということは，環境からの刺激が同じものでもシステムの内部で異なって生じるということです (12) (15)。

オートポイエーシスは，自己のように経験の違いをシステムの前提としており，機械には当てはめることのできない唯一無二の生命システム，自律性や個別性を説明します。動き続ける自己を閉鎖システムと捉えるため誤解される面もありますが，視点をシステムの内部に置くという点でフェルスターと同様の立場にあります。

Ⅱ）ベイトソンらによるコミュニケーション研究

　ここでは,コミュニケーション理論における基本的な「枠組みとパターン」「言語的コミュニケーションと非言語的コミュニケーション」「枠組みとメタ・メッセージの矛盾」の3つについて説明します (1) (2)。

■ 枠組みとパターン

　枠組みはフレームと表現されることもあります。例を挙げながら説明しましょう。

　わたしは花粉症で耳鼻科を受診することが多いのですが，いつも忙しい時に駆け込むので，受付のAさんには「こんばんは」と形式的に挨拶をしていました。仕事の後で疲弊しているので，笑顔になどなれません。「診察券忘れました，すいません」と言って保険証を出すと，Aさんは「はい」と言いながら不愛想で怒っているように見えます。わたしはさらに無表情なり，対応するAさんはますます機械的になり，わたしは「Aさんは冷たい人だなあ」と思っていました。

　ある受診日，珍しく診察券を持っていった私は張り切ってバッグから取り出そうとしたのですが，なかなか見つかりません。焦って「ちょっと待ってくださいね」とバックをゴソゴソします。「ああ，あったー」と苦笑しながら診察券を出すと,なんとAさんは少し笑いながら「はい」と言ってくれました。ビックリです。わたしもつい笑顔になって「すいません」と，なぜか謝りながら受付を済ませました。「Aさんって，別に悪い人じゃないんだなあ」と思いました。

　わたしがAさんに対してもっていた「機械的」「不愛想」などが，わたしのAさんに対する枠組みとなります。枠組みとは意味づけのようなものです。わたしは，何度か受診をするなかでできあがっていたAさんに対するいくつかの枠組みを関連づけて，「冷たい人」という枠組みをつくりあげていました。枠組みができあがる相互作用の連鎖を，パ

ターンといいます。

　わたしはAさんとの間で同じパターンを繰り返し,「冷たい人」という枠組みをさらに強化していました。でも,今回わたしが意図せず違う行動をした時に,その変化に気がついたAさんが対応を変え,パターンが変わったのです。わたしのAさんへの枠組みは,「冷たい人」から,「悪い人じゃない」に変わりました。パターン変化を生み出したのは,「慌てていた様子」などのいつもと異なる状況です。枠組みはわたしのなかに学習された構えや予期のようなものを生み出すので,どうしても同じパターンが繰り返されがちになります。それによって,わたしはAさんの性格が冷たいように感じていましたが,パターンが変わると枠組みが変わるのです。

　このようなやりとりは日常生活でたくさんあります。わたしたちは生きている限り以前とまったく同じ状況には決して戻れないはずなのですが,問題が起こると毎日同じ悪いことが続いているような気がするし,今日も何も変わらなかったと絶望を感じます。違い（差異）は必ずあるはずなのですが,人には良くも悪くも慣れるという特性,言い換えると学習能力があるため,それに気づくことが難しい時があるのです。

■ 言語的コミュニケーションと非言語的コミュニケーション

　ベイトソンは,言語によるコミュニケーションと非言語的コミュニケーションの機能が異なっていると考えました。先ほどの例に戻ると,笑顔のないままに受付していたわたしは,Aさんに対して「話しかけないでほしい」「怒っていますよ」などのメッセージを意図せずに伝えていたかもしれません。Aさんが笑いながら「はい」と言ってくれたことから,「かまいませんよ」「焦らなくていいですよ」というメッセージが伝わってきた感じがしました。

　わたしたちは仕事でもプライベートでも,大事なことを伝えようとする時には,うまく伝わるようにしたいと思います。でも,「言葉を選んで」

「言葉を尽くして」説明しても，伝わらないことがあります。逆に，何を言っているのかよくわからないけど一生懸命さだけは伝わってくるということがあります。このように考えると，わたしの「こんばんは」という挨拶の言葉よりも，「こんばんは」の伝え方のほうが大事だったといえます。この場合，「こんばんは」という言語は単にデジタル型の情報となりますが，それに対して「こんばんは」の伝え方は，それを指し示す意味であり，アナログ型の情報となります。たとえば，「こんばんは」と同時に言語でアナログ情報を伝えようとすると，「わたしは怒ってないです」「忙しくて余裕がないだけなんです」「悪意はないです」などさまざまなメッセージを言語にしなくてはなりません。アナログ型の情報はあえて明示しないのが普通で，暗に示すことでコミュニケーションに大きな影響を与えます。

コミュニケーションの要素は，言葉以外にトーン，しぐさ，表情，視線など大きく分けてもたくさんあり，それらが重なり合ってやりとりされているといえます。SNS社会で積極的に使われている顔文字や絵文字やスタンプ，意味のある改行や空白なども，コミュニケーションにとって大切なことが多いのです。

■ 枠組みとメタ・メッセージの矛盾

先ほど説明したように，枠組みにはメタ・メッセージと呼ばれる意味が含まれています。枠組みとメタ・メッセージが異なっている（論理矛盾）と遊びや冗談につながりますが，一方でそれに気づくことで精神的な不安が増したりすることもあります。まず，遊びの例で説明しましょう。

研究会が夜遅くまで長引いた時に，わたしが後輩に「ねえねえお兄ちゃん，お腹空いた」と言うと，後輩は「もうちょっとだから我慢しなさい」と答えました。このようなゴッコ遊びは，後輩があたかも兄のように「もうちょっとだから我慢しなさい」と応答してくれるから成立します。「何言ってるんですか，僕はあなたのお兄さんじゃないでしょう」と真面目

に応答されたら，ゴッコ遊びは成立しませんし，それどころか疲れすぎて頭がおかしくなったのではないかと思われるかもしれません。わたしは後輩に対して「面白くないヤツ」と思うかもしれません。後輩がゴッコ遊びのなかにある「きょうだいフレーム」に合わせるためには，その枠組みを指し示す「今言ってることは遊び（ウソ）ですよ」というわたしのメタ・メッセージを理解する必要があります。メタ・メッセージは，「ねえねえお兄ちゃん」をふざけたような笑顔で言う，などにより伝えられます。ゴッコ遊びの「きょうだい枠組み」を会話の前提とすると，「お兄ちゃん」はメッセージの解釈の仕方を規定しているといえます。

　遊びだとお互いにわかっていれば問題がないのですが，本気か冗談かわからなくなると精神的な不安が高まります。たとえば，付き合っているカップル間で些細な言い争いになり，一方が「いいよ，そんなら別れよう」と笑いながら言ったとすると，言われた側は相手が本気で言ってるのか冗談で言ってるのかわからなくなります。「冗談だよ」と言われても，後々まで「本当に冗談だったのかな，ちょっと本気が入ってたんじゃないかな」と引きずっていろいろ考えてしまうかもしれません。

　このように，笑いというメタ・メッセージが冗談にならずに，話の文脈や状況によってメッセージの参照がなされることがあります。日常的な感覚で言うと，「それってどういう意味？」「もしかして，イヤミ言われてるのかな？」などです。枠組みとメタ・メッセージが異なっている可能性が疑われると，困惑や不安などが生じます。これらは継続されるやりとりのなかで「どういう意味？」と聞くことで解消される場合もあるし，後になってから「どういう意味だったのかな」と振り返って考え込んでしまう場合もあります。

　ベイトソンは，「別れようと言われた時の自分（過去）」と「それについて考えた時の自分（現在）」の間で起こる相互作用を再帰性と捉えました。再帰性によってシステムが自己修正をする（冗談だったのかな，本気だったのかな，などとあれこれ考える）と考えたのです。これまでのサイバネティク

スは,「イケイケループ」にせよ,「そだねーループ」にせよ,形を維持する方向を基本として観察者の視点は外部に置かれていました。しかし,フィードバックする個人が自己の再帰性によって変化することに言及されたことから,観察者の視点を内部に置く可能性が示唆されたことになります。

　フェルスターの二次観察は,システムの視点を内部に置くという画期的な概念です。理論はオートポイエーシスに託され,再帰的な自己が注目されています。ベイトソンのコミュニケーション理論は,外部観察者の視点をもとに展開しましたが,論理矛盾に時間という概念を取り入れることによって再帰性に言及し,観察者の視点を内部に置く可能性を示唆しました。

　わたしたちは,面前の相手とのコミュニケーションのなかにだけとどまっているのではなく,それらを含む相互作用を広げる必要があるようです。そのような視点は「俯瞰する」と表現されますが,相手より高い位置やポジションという意味合いではありません。語られた場面や状況,文脈に沿って関連する人々との相互作用を広げてみようとすることです。そして,そのような可能性の網の目のなかに,自分と相手の関係を置いてみることです。語られるさまざまな出来事や人々が関連している,そのなかにわたしたちもすでに存在しているのです。そんなふうに考えると,誰かに何かを言ったり行動したりする前に,わたしたち自身のなかにたくさんの終わりのない会話が生まれるはずです。クライエントであれ協働する仲間であれ,支援システムを活かすためには,わたしたち自身のなかで営まれる会話を常に開かれたもの,豊かなものにしていくことが大切だと思います。

4 │ ゴール ── おわりに

　システム今昔物語，システム論のイマココ，いかがでしたでしょうか。
　現在，サイバネティクスはフェルスターの二次観察を中心として広がっており，「ネオ・サイバネティクス」として展開しています。ネオ・サイバネティクスの流れには，オートポイエーシス，ラディカル構成主義 (5)，ルーマンの社会システム論，西垣の基礎情報学 (17) などが位置づけられます。ネオ・サイバネティクスは二次観察に基づいているため，観察者の視点をシステムの内部に置いた構成主義の立場を前提としています。
　ゴールしてくださった方々のなかに，終わりのないたくさんの会話が生まれ，わたしたちとの絶え間ないコミュニケーションが続くよう期待したいと思います。To be continued！

第2章 みんなのシステム実践入門 15のポイント

田中 究

　連携や協働が重視される昨今，支援者は何をどのように考え，動けばよいのでしょうか。ケースに対して関係者や専門家，すなわち「みんな」が協調するために有用となる理論の1つがシステム論です。本章ではシステム論と，支援者自身をシステムの一部として視野に入れる実践の仕方を，15のポイントから眺めてみます（登場する事例はすべて加工もしくは合成されたものであることをお断りしておきます）[★1]。

1 │ システムという視点

　システムとは「要素同士が相互作用し続ける全体」のことです。最大公約数としては，これでOKです。言い換えると，物事を単独ではなくセットで捉える視点のことです。システムの視点を用いると，考え方や物事の捉え方が豊かになります。

[★1] 詳細は成書（4）（5）（6）（7）（14）（21）（23）（24）を参照してください。

たとえば，地球。地球はとても大きい。地球温暖化などには，国や地域にとどまらない地球規模での取り組みが必要です。ここで，システムの視点を取り入れてみる。すると，地球は太陽系（ソーラー・システム solar system）の一部であることに気づきます。太陽系という全体から見れば，地球の大きさなど巨大な太陽と比べるべくもありません。月旅行や木星探査なども視界に入ってきます。ほら，視点が変わるでしょう？

　たとえば，愛。愛を単独で考えてみることもできますが，その対極としての憎しみとセットにして見る，つまり「愛憎システム」の一部と見てみる。すると，「憎しみのなかに愛が見出せる」「愛は憎しみの一形態である」などという，微細な情緒を取り出せます。ほら，視点が細かくなるでしょう？

　セットというふうに外側から見ると，システムは静止しているように見えますが，太陽系も愛憎という感情も，それから以下で取り上げる人間関係も，システムそのものは動き続けています。

2　システムを捉える①　対象をシステムとする

　対人援助において関係者や専門家をセットで捉えることができると，事例に対する理解が深まり，なおかついざという時の支援の可能性が広がります。家族をセットで捉え協働するのが家族療法ですが，システムズアプローチは個人を取り巻く関係すべてを支援の対象とします。当然のことながら，全人類を支援対象とするわけにはいきませんので，そのなかから支援にかかわる重要な人間関係に限定して働きかけることになります。

　ここでのシステムは，人間関係や集団，組織を「鳥の目」から，つまり広く見渡す視点から描いた見取り図を意味します。たとえば，スクールカウンセラーはカウンセリングを担当している生徒との関係だけでな

く，担任，学年主任，母親，生徒の親友，時に主治医やケースワーカーといった，支援を取り巻く人間関係の構図，エコシステムを描いていきます。

　関係性だけでなく「階層」にも目を向けます。学校システムは上位システムに包摂されておりますので，地域の特徴（いわゆる「荒れた地域」や「落ち着いた地域」など）や文化社会的な動き（貧困問題やセクシャル・マイノリティについてなど），国家レベルでは関連政策にも目配せする必要があるでしょう（昨今でいえば公認心理師法の成立など）。また，学校システムを構成する個人システムは，より下位の器官システムなどからも影響を受けます。薬を飲んで胃腸の調子が整い元気になれば，学校の人間関係が好転するかもしれません。このように，関係性と階層性，横方向と縦方向の2方向から総合的にシステムをスケッチし，どこにどのように関与し協働するのかを思案します。

3　システムを捉える② 支援者と対象システムの相互作用

　以上のように，システム全体を俯瞰している時の支援者は，対象を評価する「神様」の位置にいます。しかし，実際に対象に関与しようとする時の支援者は，支援を外側から眺める神様の立場にとどまることはできません。システムの一員として，支援者と対象システムとの関係をおさえながら関係者とかかわっていく必要があります。良好か／不良好か，近しいか／疎遠か，などの指標に加えて，ここでは2種類のポジションを挙げておきます。アップ・ポジションとダウン・ポジションです[★2]。
　アップ・ポジションは専門家側の専門性に基づいて行為しようとする

[★2] この2つのポジションは，「母親がワン・アップで，父親がワン・ダウンだ」というように対象システムを描く際にも用いることができます。

ことを意味します。たとえば，支援を取り巻く人間関係のなかでも，とりわけ母子のコミュニケーションが不足していると評価し，母子のコミュニケーションを促進しようと働きかける。その時システムズアプローチの支援者は，司会進行役のように振る舞いながら，発言を促したり，時に発言をさえぎったりと，指示的にかかわるでしょう。他にも，各種検査結果から治療や支援の方針を伝達するという局面にアップ・ポジションが見出せるでしょう。

反対に，ダウン・ポジションは専門性を留保しようとする態度を指します。「よくわからないので，教えてくださいますか？」といった聞き方は，ダウン・ポジションをとろうとする行為です。支援者のそうした姿はなんらかのパワーや権力に晒されて力を失っている支援対象者にフィットするかもしれません。

いずれにしても，支援者の態度を判定するのは支援対象者ですので，支援者が積極的に働きかけていても，「控えめな先生だなあ」と支援対象者が思うこともあれば，専門性を押しとどめているつもりでも，そんな態度こそ「とても高度な専門性が発揮されている」と支援対象者に受け取られることもあるでしょう。支援者の態度を決定するにあたっては，支援者がどのように行為するかではなく，支援者の行為が結果的に支援対象者にどのように受け取られているかについて思いを馳せなければなりません。

4　システムを捉える③　支援者の自己観察

「対象システム」としてシステムを評価することには，支援者が自分をまるで神様であるかのように全体を見通せる存在なのだと誤解してしまうリスクが伴います。当然のことながら，ここでいう全体とはカッコ付きの「全体」に過ぎず，「全体」として描いている観察者の観察の仕

方と不可分です。ですから，本書では支援者を外部観察者ではなくシステムの一部に位置づけ，観察対象者とする視点を重視します。このように，支援者も含めたシステムのことを「支援システム」と呼びます［★3］。支援者の思考，行動，それから感情や身体感覚も，支援システムの一部になります。こうした考え方は，どのように役立つでしょうか？

「支援対象者」というように，支援者は自身と対象を切り分けることで対象者の特色を知り，働きかけ方を考えます。しかし，支援対象者は物ではありませんから，将棋やチェスの駒を動かすかのように，左から右へと動かすことはできません。実践において支援者が「介入」できたように見えたとしても，それは支援対象者に「介入させてもらえた」結果かもしれません。

「人は変えられない，変えられるのは自分だけである」とはよくいったもので，支援者にとっても，支援対象者を変えようとするのではなく，支援者自身を変えることのほうが時に容易です。膠着した面接で，支援者自身の思考を観察します。「支援者自身が社会的に望ましい方向に支援対象者を矯正しようとしており，それに対して支援対象者は異議申し立てをしているのかもしれない」と気づけば，「すみません，わたし（支援者）のほうが減薬にこだわり過ぎていましたね」と目先を変えるオプションが出現するでしょう。支援者の提案が支援対象者に受け入れられず，小さく傷ついている支援者自身の感情をキャッチできたなら，「支援対象者は支援者を攻撃しようとしているのではない，わたしの理解が足りていないだけだ」と自分自身の思い込みを修正することもできるでしょう。言葉にならない身体感覚に目を向け，「何だろう，この違和感は」と注意を差し向けることもできます。より気軽に話せる話題を支援

［★3］支援システムは therapeutic system の訳で「治療システム」と同義ですが，保健医療領域だけでなく教育や産業，福祉，司法領域でも利用可能性が高まるよう，本書では「支援システム」を採用しています。

者が持ち込み，支援者からまず笑ってみせる，つまり行動を変えることで，深刻なムードのなかに楽観性，解決可能性の種を蒔くこともできるでしょう。

支援対象者と支援者は同じシステムのなかにいますので，支援者がみずからの何かを変えることが支援対象者の変化に波及する，これが支援システム概念がもたらす根本的な発想になります。

とはいえ，自己観察は，自己満足を多分に含みます。観察とは盲点を作り出すことに他なりませんから，陪席でも，スーパーヴィジョンでも，同席面接でも，できれば自分の臨床実践を誰かに見てもらうなどして，他者の視点に開かれようとする態度が肝要です。

5　ジョイニング

ジョイニングとは，「溶け込むこと」です。

支援者と支援対象者は，同じ部屋にいさえすれば，かかわっていさえすれば支援システムの一員になれるとかいうと，そんなことはありません。支援対象者に聞く耳をもってもらえなければ，いくら支援者自身を変えても支援対象者に影響は及びません。まるで二人三脚をしているかのごとく，互いに感化しうる関係になろうとすること，それをジョイニングと呼びます［★4］。

夏休みの宿題に，ひまわりの観察日記を書いた日のことを思い出してみましょう。茎が何cm伸びたか，葉は何枚出てきたか，花は発芽から

［★4］ジョイニングは，もともと構造派家族療法のS・ミニューチンが提唱したものです。ミニューチンはジョイニングに関連してアコモデーション，メンテナンス，トラッキング，ミメーシスといった概念を紹介しています（13）。本書で扱っているジョイニングは構造派の技法を駆使しようとしているものではなく，その意味で広義のジョイニングといえます。

何日目に咲いたかなど，夏休みの苦労が甦ります。しかし，観察日記に観察者の服装を記載することはありません。白衣だろうとピンクのスーツだろうと，それらを記述しないのは，観察者は観察対象ではないからです。このように，観察者と観察対象の間に明確な一線を引くことは，わたしたちが小学校から学び続けている科学の大前提です。

　ジョイニングとは，その大前提に待ったをかけることに他なりません。なぜって，観察者の地位から降りて，観察対象に溶け込むのですから。ひまわりの観察と違って，支援者が着用しているのが白衣かピンクのスーツかは，支援の行く末を左右しかねない重大事項です。病院では白衣が無難かもしれませんが，「白衣に象徴されるような組織や権力性は信用ならない」という価値観をもった支援対象者もいます。そのような支援対象者には，ピンクのスーツを着用した支援者が絶大な信用を得るかもしれません (訝しがられるだけ，というリスクももちろん捨てきれません)。ジョイニングにあたって，服装ですら影響力をもつのですから，支援者は支援対象者からどういう表情で，どういう言動をすることが期待されているのかに鋭敏でなければなりません。

　一般に，支援対象者の緊張がとけ，発話量が増えたり，「そうそう！」という反応をしたりする，そうした挙動がみられた場合，結果的にジョイニングが進んでいる，と捉えることができます。しかし，支援対象者へのジョイニングは，支援者が何かをすれば終了するものではありません。ジョイニングについても先ほどのアップ・ポジション，ダウン・ポジション同様，「支援対象者に彼らの一員として迎え入れられているかどうか」という受け取られ方から評価すべきです (1)。ですから，ジョイニングの成否について支援者は頭のどこかでずっとチェックし続ける必要があります。

　ところで，「支援者に叱られたくない」「問題に直面したくない」などさまざまな理由から，支援対象者も支援者にジョイニングしようとします。支援対象者がニコニコしているものだから，一見支援がうまく進ん

でいるように見えて，その実，支援者が支援対象者からジョイニングされていただけで事態はまったく改善していなかった，などということになっていないか，気をつけなければなりません。

ともあれ，ジョイニングは，支援者が支援を一方的にリードするのではなく，支援対象者のあり方や特色を尊重し活かそうとする態度です。ジョイニング概念からは，システムズアプローチが当初から支援対象者とのコラボレーションを重視してきたことがうかがえます。

6 フレーム

フレーム（枠組み）とは，「意味」のことです。

わたしたちは陰に陽に，物事を区切りながら日常生活を送っています。たとえば，お弁当。お弁当は，弁当箱という枠で区切られています。そのなかの食べ物であれば自由に箸をつけられますが，枠を超えて隣の友だちの玉子焼きをつつこうとすると，怒られます。弁当箱という枠＝フレームは，「弁当箱のなかがわたしの弁当です」という意味を指し示すからです。

たとえば，支援。相談に乗ること，投薬，アウトリーチ等々は支援の枠内に区切られています。他方，それがどんなに精神的な安定をもたらす経験であったとしても，支援対象者と「恋人になること」は専門職が行う支援の枠外に区切られます。

言葉も枠を定めます。「おはようございます」という発言は「わたしはあなたに関心がない」という意味を枠外に弾き出し，「あなたとの関係を大切にしている」という単なる文言以上の意味を言葉の枠内に囲い込みます。

臨床場面ではどうでしょうか。支援対象者である母親が「娘に発達障害の傾向があると医師に言われてしまったが，担任の先生は発達障害で

はないと言ってくれているんです」と述べたとします。医師に言われて「しまった」と言うその一方で，担任の先生は言って「くれている」。こうした言い回しが示しているのは，母親の「発達障害は悪しきレッテルであり回避したい」という想いなのかもしれない，と想像できます。ですから，この発言は，事実関係の単なる説明ではないことになります。言葉はいつも，それ以上，なのです。

このような辞書的定義を超えたメッセージを，メタ・メッセージと呼びます。まずは支援対象者の言動を細大漏らさず，見逃さないよう聞き逃さないようにします。そうするには，鳥の目とは反対の，「虫の目」が必要です。まさに虫眼鏡によって支援対象者の細部をキャッチし，そこからどれだけの意味を汲み取れるかが支援者の実力を左右します。

ただし，虫眼鏡で眺めているだけでは，いつまで経っても何も見えてこないでしょう。意味は物ではないからです。同じ発話内容でも，どこで誰に言っているのか，どういう話の流れで言っているのかといった，コンテクスト／文脈によって指し示す意味が変わってきます。こうした語用論的視点を経て，意味は支援者が見出すものです。

本章の最初に，支援者自身をシステムの一部として視野に入れた実践を眺めます，と言いました。そうした実践には，支援対象者の言動が支援者を前にして発せられている，というコンテクスト／文脈を考慮する，ということが含まれます。つまり，支援対象者の言動は支援者への要望や期待を指し示すものとして受け取らなければならないということです。面接冒頭，支援対象者の弱々しい「こんにちは」という挨拶は，「大きな声で話さないでください」という支援者への要望を意味するのかもしれない。支援対象者の「つらいんですが，何がつらいのかよくわからないんです」という発言には，「今はこれ以上質問して突っこまないでください」という支援者への期待が含まれているのかもしれない。その他，「専門家らしくして」「専門家らしくしないで」「優しく接して」「優しさより論理的な見解を示して」等々，支援に関するさまざまなフレームは，

第2章　みんなのシステム実践入門――15のポイント

確定済みのものを支援者が持ち込むというより，支援者と支援対象者の相互作用によってローカルな現場ごとに立ち現れていきます。こんなふうに，支援対象者の言動の一つひとつを支援者へのニーズを示すものとして捉え直すことが，「フレーム」の流儀になります。

7　円環的思考

　円環的思考とは，「ああも見えるし，こうも見える」捉え方のことです。
　突然ですが，さるかに合戦は「さるにいじわるをされたかにを不憫に思った蜂や臼や栗がさるに復讐をした」という話です。この話は，「かにたちがさるに復讐した」で終わっているからこそ，因果応報を教える民話となりえるのです。さるへの復讐後，孤児となったさるの子どもが親戚の家に預けられて，ご飯もろくろく与えられなくて……などという苦難を生き抜くストーリーが始まったりしたら，それはもはやさるかに合戦ではありません。どこかで終わるから，ストーリーが成り立つのです。
　どこかで区切ること，「句読点を打つ」ことをパンクチュエーションと呼びます。さるかに合戦では，「かにたちがさるに復讐した」で物語をパンクチュエートするとさるは加害者になり，「父さるをかにたちに殺害されたさるの子は大変な苦労をした」という後日談で区切ると，さるは被害者に見えてきます。かように，「ああも見えるし，こうも見える」という円環的思考は，パンクチュエーションの打ちかえによってもたらされます。
　支援にかかわる関係者のフレームも，パンクチュエーションによって成立します。「この支援対象者は防衛的だ」ともいえるし，「支援対象者が防衛的なのではなく，支援者が支援対象者を防衛的にさせている」ともいえます。ある課長は，「自分の部下はルーズだから，厳しく接している」と言います。一方部下は，「課長が厳しすぎるから，やる

気がなくなりルーズになる」，と言う。課長は「部下が原因で，自分の対応が結果だ」と捉え，部下は「課長が原因で，自分の態度は結果だ」と述べており，原因と結果が循環 circular しています。これを円環性 circularity と呼びます。

　課長も部下も，原因であり結果である。パンクチュエーションの位置が変わることで因果関係が反転する。各自が現実についてのストーリーを携えているというようにストーリーが多様でありうることの原理は，このあたりに潜在しているようです。対人援助の現場には，しばしば意見の対立し合う複数の関係者がやってきます。関係者には，それぞれのパンクチュエートの仕方，それぞれのストーリーがある。賛同するかどうかは別としても，円環的思考に馴染んで，誰の言い分にも一分の理があると受け取れるようになると，葛藤的な関係にある関係者との面接でバランスをとることができるようになるでしょう。

8　リフレーミング

　リフレーミングとは, re（再度）＋ frame（枠づける）＋ ing（こと）ですから，「意味が変わること」です。

　胃潰瘍に対する意味づけが「単なる身体症状」から「過労死の黄色信号」に変われば，支援対象者は早急に職場復帰しようとするのではなく，働き方を見直そうとするかもしれません。意味が変われば，支援対象者の行動や感情状態，身体感覚まで変化が波及する可能性がある，だからリフレーミングが有用となるのです。

　リフレーミングの代表的なイメージは「言葉の言い換え」でしょう。「自分には積極性がない」と言う支援対象者に対して，「奥ゆかしいんですね」などと支援者がポジティヴに言い換えます。

　ポジティヴな方向だけでなく，ネガティヴな意味へと言い換えること

もできます。患者の症状を親が過小評価，楽観視していて受診につながらない。そんな時，症状がもたらす深刻な予後について言及することで親の受診意欲は高まるかもしれません。

　しかし，「積極性がない」→「奥ゆかしい」と支援者が言い換えただけではリフレーミングが起きないことがあります。「奥ゆかしい，なんて言われても，なんだかわざとらしいなあ」と支援対象者は感じるかもしれません。

　ここで，もう一度フレームに戻ってみましょう。支援対象者の言う「自分には積極性がない」という文言は，そのように現実を切り取ることで成立しています。たとえば「趣味がない」「休日は自宅で過ごす」「寡黙」といった要素を暗々裡に選択して，「積極性がない」というフレームの内に囲い込み，パンクチュエートしているのです。

　ですから，「先日キャンプに行った」というような，「自分には積極性がない」フレームにそぐわない要素はフレームの枠外に除かれます。「先日キャンプに行った」という事象は意識にさえ上らないかもしれないし，語られることもないかもしれない。そのようにして固定化した「自分には積極性がない」というストーリーに含まれていない要素「先日キャンプに行った」が語られるようになると，それはすでにリフレーミングの始まりです。支援対象者にとって「自分には積極性がない」というフレームが劇的に変わることはなくても，「そういえばキャンプにも行くし，自分にはアクティヴな面もあるのかも」などと思うだけでも，フレームは変質し始めています。

　このように，リフレーミングは，言葉の言い換えにとどまらず，支援対象者にとっての現実の区切り方が変わることを意味します。支援者がいくら肯定的に言葉を言い換えても，支援対象者にとっての意味が変わらなければ，それはリフレーミングとはいえません。

　支援対象者が既存のストーリーを曲げてまで，今まで語られることのなかった内容を語る，ということが起きるには，支援者はどのような態

度でいるべきでしょうか。たとえば,「積極性がない人」という支援対象者についての支援者のフレームを「何らかの事情で自分が積極的だと思いづらくなっている人」というように支援者のなかで捉え直すと,支援者と支援対象者の間で「何らかの事情」へと話題がシフトし,結果的に「積極性がないわけではない」という認識へとつながっていくかもしれません（決して,積極的であることが素晴らしいことなので,支援対象者に積極的な部分があることを認識できるよう仕向けなければならない,ということではなりません）。リフレーミングにおいても,まずもって取り扱わなければならないのは支援者自身のフレームのようです。

9　コミュニケーション・パターン

　コミュニケーション・パターンは,人間関係をシステムとして捉える具体的な仕方です。「うちの子は小さい頃から手がかかって,親の言うことを聞かなくて大変だった」という発言からは,子どもが一人問題にされている印象を受けるかもしれません。しかし,「手がかかる」というからには,親が何かの働きかけをしているはずですし,「親の言うこと」の中身も不明です。親が何か無理な要求を子どもにしていた,という親側の要因があったのかもしれない。このように,わたしたちは個を中心に記述しがちですが,それを「（子）→ 親 → 子 →（親）」というコミュニケーション・パターン,つまり親と子のセットに置き換えると,親子が織りなすシステムが見えてきます。

　とはいえ,支援対象者の語りから関係者間のコミュニケーション・パターンを知ろうとする場合,支援者が知りたいことを質問すれば情報が手に入るかといえば,そうとは限りません。支援対象者が語る過去のコミュニケーション・パターンは,すでに客観的な情報ではなくなっており,支援対象者によって編集されたストーリーに変化しているという認

識が必要です。上記の「うちの子は小さい頃から手がかかって，親の言うことを聞かなくて大変だった」という発言は，単なる情報開示ではなく，時に親の苦労を理解してほしいという支援対象者の支援者に対する要望でもあります。にもかかわらず，「お子さんに，少しは聞き分けのよいところもあったのではないですか？」などと無造作に情報収集をしようとすれば，支援対象者は語る意欲をなくすかもしれません。支援対象者の語る内容には偏りがある，不正確である，と評価することは，システムズアプローチでは，後回しにしなければなりません。「支援対象者の過去」は「支援対象者の現在」に左右されており，さらにオンゴーイングな「支援者と支援対象者の関係」によって変容するからです。支援者が「親の苦労」をきちんと受け取れば，かえって「とはいえ，そんな子どもにも聞き分けのよい一面があった」などといった例外的な事象が支援対象者のほうから語られたりするものです。

10 解決努力の循環

以下の逐語録を見てみましょう。

看護師：お薬を飲んでください，って再三言っていますよね？
患者　：（ニヤニヤ）うるせーな。
看護師：（声高に）なんですか，その態度は。
患者　：……。（沈黙）
看護師：とにかく，次はお薬を飲んでくださいね。

　事象を「看護師が○○したら患者が△△して……」というシークエンスとして捉えていくのがコミュニケーション・パターンの考え方です。MRI（第1章参照）の暫定的コミュニケーション公理が示唆しているよう

に，コミュニケーションには発言内容だけでなく，ニヤニヤする，声高に言うといった非言語的な要素や，沈黙のような発話の不在も含まれます(19)。

　このやりとりから，「強引な看護師」「反抗的な患者」などと見立てたくなるでしょうか。しかしそれでは，個に焦点を当てた捉え方にとどまっています。患者や問題とされる人と，その周囲の人たちとをセットで捉えるのがシステム論でした。すると，患者の反抗的態度抜きに看護師の強引さは成立しませんし，看護師の強引さ抜きに患者の反抗的態度も成立しないことになります。コミュニケーション・パターンには2人が共同参画しており，どちらが悪いわけでもない，お互い持ちつ持たれつ，なのです。

　システムズアプローチで取り沙汰される重要な指針に「解決努力の悪循環パターンを変える」というものがあります。問題の成り立ちではなく，問題の解決の仕方に着目したうえで，解決の仕方こそが問題を維持しているとする考え方です。解決に向けて取り組んでいる方法が変われば問題も変わる，と考えます。

　しかし，上記のコミュニケーションが「悪」循環を来しているかどうかは，一概には判断できません。もう一度看護師と患者のコミュニケーションを見てみると，看護師の「なんですか，その態度は」で一瞬場のテンションが上がりかけましたが，患者は沈黙，看護師もそれ以上強い態度に出ることなく，テンションは元に戻りました。看護師と患者は険悪になりつつも一定の範囲内で2人の関係を破綻させずに維持しており，だから入院加療を継続できているのかもしれない。そう考えると，このパターンは実は「良循環パターン」かもしれないのです。

　悪循環か良循環か，そのどちらを採用するか判断をするうえで，変化の可能性がどの程度見込めるかが，大事な基準になります。変えることのできない悪循環に拘泥することは，悪循環を助長しかねないからです。そんな時は，悪循環と捉えるのではなく，ぎりぎり良循環を保っている

と捉えるほうが，援助的かもしれません。真か偽かではなく，実践に役に立つか，実行可能性 viability (15) があるかどうか，それがシステムズアプローチの格率です。

さて，たとえばこの看護師とのコンサルテーションで，本コミュニケーション・パターンは悪循環を来しているので，看護師自身がパターンを変えたいと望んだとします。そのような時に，現象をコミュニケーション・パターンとして把握しておくことのメリットは，看護師の具体的な振る舞い方について検討したり提案できたりすることにあります。たとえば，「患者が『うるせーな』と言った後に，『いつもごめんね』と謝ってうなだれたら，何が起きるでしょうか？」と仮定的な状況について看護師に問うてみる。看護師はみずからの言動を振り返り，「わたしが突然謝ったら患者さんは面喰らうかもしれないですね。いつもぎゃあぎゃあ注意してばかりだったから，ごめんね，って1回言ってみてもいいかもしれませんね」などと，他の行動を採るようになるかもしれません。

ところで，コミュニケーション・パターンのなかに支援者を含めることができると，ぐっと変化の可能性が高まります。ひきこもる本人と母親による初回面接の例を見てみましょう。母親が状況を説明しようとすると，本人は「母親は何もわかっていない」と即座に母親を罵倒する，つまり『母親：状況説明 → 本人：母親を罵倒』というコミュニケーション・パターンによって，まったく面接が進まない状態が続いている。しかし，ここで記述されているパターンは，支援者の関与を度外視しています。実際には，支援者は母子の言い合いを黙って見ているという行為によって，母子のコミュニケーションに関与しています。ですから，『母親：状況説明 → 本人：母親を罵倒 → 支援者：黙っている』といった支援者を含む視点が必要です。支援者は母子に働きかけることもできますが，みずからの何かを変えることが先決もしれません。たとえば，支援者は黙して注視するという行動をやめ，本人に対して「積極的に発言してもらって，おかげで状況がよくわかります。ありがとうございます」

などと本人と母親を上回るペースで発言してみてもいい。こうして，面接室で起きている悪循環パターンを小さく変えようとする，その積み重ねが支援の効果へとつながっていくわけです。

11 問いかけること

　システムズアプローチでは質問が活用されます。
　「あなたの父親がもし織田信長のような人だったら，あなたの人生は今とどう違っているでしょうか？」と聞かれたら，もう1つの人生の断片が，頭のなかを去来するでしょう。そこから翻って，実の父親との関係に思考が立ち戻るかもしれません。「父親が信長じゃなくてよかったなあ」と感慨に耽ったり，「父親は信長以上に大胆不敵な人だった」と認識を新たにしたりするかもしれません。
　システムズアプローチをめぐる歴史のなかで，質問の体系というとミラノ派の円環的質問法が思い浮かびます (16)。支援対象者は時に，原因と結果のつながりが明瞭な，直線的な因果関係に基づくストーリーを支援の場に持ち込みます。「病気になって不幸になった」「父親の厳しい態度が問題だ」「あの時海外留学をさせてくれなかったのが病気になった原因だ」等々。こうした考え方は，問題状況の硬直化とセットになっている場合があります。そんな折，円環的質問は，いわば直線的な考え方を多様な視点から眺めてみることへのお誘いになります。たとえば，「病気になる前はどんなふうに幸福だったのですか？」「(同席者に) お父様が厳しいというご意見にはどなたが賛成ですか？」「もし海外留学をしていたとしたら，今頃何か別なことが問題になっていたでしょうか？」などと尋ねることができます。それぞれ，ストーリーの外部にパンクチェートされている内容が語られる契機になるかもしれません。
　その後，1980年代に各種の質問法が発展していきます。そのなかで

も解決志向アプローチによる質問は,「なぜうまくいったのですか？」などと成功要因，変化に寄与した支援対象者の能力や肯定的側面に焦点化することを得意とします (9)。システムズアプローチでも良循環を促進する局面などで役立てることができるでしょう。

　こうしてみると，質問はすでに存在している実態について情報収集をするだけのツールにとどまらない一面をもつことがわかります。アリストテレスが「デュナミス」という語で表したように，可能性は物事に潜伏しています。冬，寒風に身をすくめる桜の木立は，一見枯れているように見えて，春の開花に向けてダイナミックに動き続けている（「デュナミス」は「ダイナミック」の語源です）。質問は，人が宿している可能性が現実化することを目指して発することもできるのです。

　ただし，質問しさえすればよいというものではありません。「なんでこの支援者は質問ばかりしているのだろう，早く先に進めてくれないかな」と質問を煩わしく思う支援対象者もいるからです。あるいは質問自体がそもそも侵襲的な行為であることも自覚しておく必要があるでしょう。根掘り葉掘り質問しなくても，ピンとくるアンテナに磨きをかけたいものです。

12 言語システムとコラボレーション

　言語システムについてはナラティヴ・セラピーの文脈で語られることが多いようですが，やはり「システム」へのアプローチに他なりません (1)。ただしシステムといっても，言語システムの場合は，家族システムや学校システムという時のシステムとは中身が異なります。問題が生じる前から何らかの組織システムが存在していて，そのシステムに問題が発生する，そこから問題を取り除き適正な状態に戻さなければならない，とは考えないのが，言語システムの視点です。

言語システム論では，語ることによって問題をめぐるシステムができていくと考えます (problem-organizing system)。ここでのシステムは，その問題をめぐる「プロジェクト」というニュアンスが近いように思います。たとえば，「あいつ，後輩のくせに部活に遅れてくるし，ちょっと駄目だよね」などという発言を発端に，「だよね」「おれもそう思った」などとコミュニケーションが展開していくにつれて，それ以前にはなかった「問題」が徐々にそれらしい形をなしていく。その後輩を問題視する人もいれば，しない人もいるでしょうから，あたかも「問題」がプロジェクト・チームのメンバーを選び，するとメンバー間で問題はますます実体があるもののように思えてくる，ということが起こります。「あいつ，駄目だよね」「だよね」といった言葉をセットとするシステム。このようにして構成された問題がどのように解消するかといえば，言葉のセットが変わる，典型的には問題として語られなくなることによって問題の地位を失います (problem-dis-solvng system)。

　ですから，支援者は支援対象者の語り方に焦点を当て，支援対象者がこれまでとは異なる仕方で語ることができるよう，支援することが必要になります。支援者が他の関係者と同じ話の仕方をしていては，問題は解消されません。

　例を挙げましょう。セラピスト，ハリー・グーリシャンは，過去の買春を悔いている支援対象者に「男としてすべきことを君はしたんだよ」と伝えました (1)。言うまでもなく，グーリシャンの発言は支援対象者との関係性のなかで有意味となっているのであって，買春一般への意見表明ではありません。以後，支援対象者は自分が性病に罹患しており，それがテレビなどを通じて人に伝染する，という，これまで誰からも受け入れられなかったにもかかわらず主張してやまなかった考えを，語らなくなりました。こうして，仕事や家庭を含む生活状況は改善をみます。そしてのちに，グーリシャンのこの一言が響いたと述べたのです。

　グーリシャンが支援対象者の症状を妄想だと決めつけなかったように，

支援対象者を改変しようとするのではなく，支援対象者とのコラボレイティヴなパートナーシップを形成することが，支援にとって急務であることを言語システム論は教えてくれます。そして，支援対象者とコラボレーションを行うには，支援者側の専門性をいったん保留し，支援対象者のニーズを注視する必要があるでしょう。支援者の専門性を保留するといっても，つかめていないものを横に置いておくことはできませんから，支援者自身の経験を観察し，支援にあたって作動している思考や感情を自覚的に把握することが先決です。

13 「わたし－あなた－問題」の三項構造

「痛いの痛いの飛んでけ～」，これで不思議と痛みがまぎれる，子どもの頃のそんな記憶，誰しもあるのではないでしょうか。痛みという感覚を無視せずしっかりとおさえたうえで，痛い「の」と名詞化し主体と切り離す。言葉のうえで，「わたし－痛みを感じているあなた」から「わたし－あなた－『痛いの』」の三者関係にシフトしています。

本来個体の内部に存するはずのものを，言葉やイメージを使って擬似的に外に出すこと，これを外在化と呼びます。ですから，自分の気持ちをノートに書くことも，広い意味での外在化になります。

システムズアプローチにおける外在化といえば，「虫退治」が思い浮かびます (6)。虫退治などというと一見ぎょっとしますが，日本には「疳の虫」「虫の居所が悪い」「腹の虫が収まらない」などという言い回しがあります。「罪を憎んで人を憎まず」にもいえそうですが，人と問題を切り離す思想は案外，日本の文化と相性がよいのかもしれません。手順は，①問題の原因探しをやめるよう提案し，「虫」が原因であると伝える，②宿題として，虫退治の儀式を行う，③目標を定め，できなかったら関係者が全員罰ゲームを行う。以上，虫退治は悪循環パターンによって固

定化しているシステムを変えるためのパッケージです。

　外在化といえば，ナラティヴ・セラピーにおける技法という位置づけがあります[20]。ナラティヴ・セラピーでは，自己をストーリーによってまとめ上げられている物語の産物と捉えます。そして，そのようなストーリーをドミナント・ストーリーと呼びます。支援対象者を支配しているドミナント・ストーリーを相対化することが支援の重要な一部とされます。うつ状態の支援対象者に対して，「いつ落ち込みますか」ではなく，「『うつ君』はいつやってくるのですか？」と擬人化するなどして，症状や問題との距離を置き，時に第三者化することで支援対象者から分離して眺めてみることが外在化の実践となります。

　虫退治とナラティヴ・セラピーの外在化ではバックグラウンドに違いがありますが，いずれも支援者と支援対象者と第三項（虫などのメタファーや症状など）という三項構造の視点をベースにしています[10]。第三項を向こうに回すと，関係者間で協力関係を築きやすくなる，という性質を活用しているわけですが，別な説明の仕方をするなら，外在化がかえって内在化を促進する，と言うこともできるでしょう。「あなたは悪くない」という支援者の免責によって，支援対象者の内省が活性化する現象は比較的ポピュラーです。外在化は内と外という区分を使用しています。内と外はセット，システムですから，外に注意が向けば，外の外，すなわち内にも注意が向く，と考えることができます。

14 ｜ 生命と死

　ここまで人間同士のシステムについて見てきましたが，東は，人と何かしら偉大なものとのつながりが人を肯定的な状態に保ち，また支援の効果を高めるといいます[6]。わたしたちの日常を保つ秩序は，何も科学的に整序されたものであるとは限りません。「ご来光に思わず手を合

わせる」や「困った時の神頼み」といった例を俟つまでもなく，平素よりわたしたちは自然や「神」を自分の世界と重ね合わせています。東の提案は，システムズアプローチに生命と死というテーマを持ち込むものです。わたしたちはみな，死にます。自他の死を生のうちに包摂するうえで，システムの範囲を自然や「神」へと拡張することが必要なのかもしれません。

15 ネオ・サイバネティクスあるいはオートポイエーシスの可能性

　ところで，生命とシステムのかかわりは以前からありました。生命を定義しようとしたのが第1章でも触れられているシステム論，オートポイエーシスです。オートポイエーシスを含むネオ・サイバネティクスは近年あらためて耳目を集めているようです(2)。フェルスターの研究をベースに(3)，マトゥラーナとヴァレラが創出し(12)，ルーマン(11)が社会学に適用したオートポイエーシスにはいろいろと興味深い特色があるのですが，その1つがシステムの「閉じ closure」です。

　たとえば，わたしたちは思った通りに身体を動かせないと思い悩むことがあります。体育や部活動でもどかしい思いをした人もいることでしょう。プロのアスリートさえ微細な動きのできなさに嘆きを募らせます。生命システムは意識システムから見通すこともできなければ，完全に制御することもできないのです。

　人間関係はどうでしょうか。会話の最中「何の話をしてたんだっけ？」「こういうことが言いたかったんだっけ？」という迷路にはまりこむ時があります。これは，意識システムがコミュニケーション・システムを制御できないことを物語っています。

　あるいは，近代社会は全体を見通せない社会です。政治システムがいくら素晴らしい経済政策を策定しても，経済システムや法システムと

いった他のシステムの関与を包括的にコントロールする中心を欠いていれば，期待されていた成果は出ないか，あるいは出たとしても偶有的な成果にとどまるでしょう。

　これまでのシステム論実践では，開放システムという視点を重視し，システム同士のかかわり合いを活用しようとしてきました。一方，オートポイエーシスは，システムが閉じており見通せないこと，したがって一方的な制御ができないこと，にもかかわらずコミュニケーションが成立するのはなぜなのかといった，これまでの理論構成では取り上げづらかったテーマに関心を払うことができます。

　オートポイエーシスと臨床実践の接続について，本邦において先鞭をつけたのは吉川 (22) でしょう。吉川は，オートポイエーシスを操作との関連で論じています。他に十島 (18) や田中 (17) を参照することもできます。田中によると，オートポイエーシスを拠りどころにすると，「コミュニケーションが継続するよう行為する」という発想を支援者の動き方の一例として挙げることが可能になるといいます (8) (17)。一見無駄に思える行為でも，後から振り返った時にシステムを形成していたことになりうる，と見るシステム観です。

　とはいえ，オートポイエーシスによる臨床実践は端緒についたばかりです。システム論の変化，つまり支援者のベースとなる考え方や姿勢の変容は，今後の臨床実践を変える可能性を孕んでいる，といえるでしょう (2)。

　以上で，「パート1 基本編」は終了です。ここからは「パート2 応用編」です。以下，それぞれの章で「みんなのシステム論」から「わたしのシステム論」が立ち上がっていく様子をご覧いただきます。

パート 2

応用編

第3章

みんなのコラボレーションで治す摂食障害
心療内科病棟におけるシステムズアプローチ

木場律志

1 援助者として，どうかかわる？

　援助者であるあなたの前に，こんな人がいるとしよう。
　年齢は18歳，身長160cmほどの女子高生。だが，その髪はパサパサで，土気色の顔には深いしわが刻まれている。腕や脚の筋肉は落ち，肘や膝の関節が浮き出ている。明らかにやせすぎである。恐る恐る体重を訊いてみると，37kgだと言う。
　しかし，彼女は確信に満ちた様子でこう続ける。

「絶対35kgまで減らすんです。こんなに太ってたら，みっともないじゃないですか」

　さて，あなたならどのようにかかわるだろうか。

2 「心療内科」という診療科

　世間一般に,「心療内科」は精神科と似ている（もしくは同じもの）と考えられていることが多いが，実は心療内科と精神科はまったくの別物である。

　詳細な説明は拙著(1)をお読みいただくこととして，ここでは，抑うつや不安，妄想などのいわゆる「精神症状」を呈する精神疾患を診療対象とするのが精神科であるのに対し，心療内科は，胃腸の不調，頭痛，ふらつきなどの「身体症状」の出現や変化に，ストレスや生活環境などの心理社会的因子が強く影響していると考えられる「心身症」と呼ばれる病態を診療対象とする「心身症の診療を行う内科」である，と簡単に説明するにとどめておこう。

　つまり，心療内科とは「心と身体の関係に着目しながら診療を行う内科」なのである。

3 「心身相関」という,心と身体の「システム」

　では，ここで心身症の例を一つ挙げてみよう。

　女子大生の彩美さん(仮名)は，ある時期，複数の授業のレポート課題が重なって忙しくなった。ちょうど同じ頃，所属しているサークルで人間関係のトラブルに巻き込まれてしまった。また，忙しさのために彼氏と会う機会が減り，二人の関係は少し気まずくなってしまった。そんななか，胃がジリジリと痛むようになり，その状態が一日の大半を占めるようになった。食欲がなく，少し食べただけですぐに満腹になってしまう。内科で検査を受けたがとくに異常はなく，医師には「ストレスかも

しれない」と言われたが,「こんなに痛いのになぁ……」と今ひとつ納得できなかった。胃の痛みのせいで外出が億劫になって大学を休むと,母親から「ちゃんと行きなさい！」と咎められ,胃の不調を訴えても「検査で何ともなかったんだから気のせいでしょ」と言われる。いつも優しい父親は慰めてくれるかと思ったが,「おまえは昔から神経質だから」と言われた。大好きな両親からそんなふうに言われると「気のせい」のような気もするし,たしかに自分は「神経質」な性格だとも思う。しかし,だからといって胃の痛みはなくならないし,性格を変える方法もわからない。欠席が増えるにつれ大学の単位のことが心配になってくる。サークルの人間関係や彼氏との関係は相変わらず芳しくない。そして,胃の痛みは依然として続いている……。

　これをお読みいただければ,心と身体が相互に影響し合っているということがおわかりいただけるのではないだろうか。
　彩美さんの身体症状（胃の痛み）が生じたことには,おそらく複数の心理社会的因子（複数のレポート課題,サークルの人間関係,彼氏との関係）が影響したのだろう。しかし,彩美さんの身に起こったことは,単に『心理社会的因子（原因）→ 身体症状（結果）』という一方向的なものではないと考えられる。
　胃の痛みという身体症状はまた,胃が痛いのに検査で異常が見つからず医師の説明にも今ひとつ納得できないこと,母親から欠席を咎められ胃の痛みは「気のせい」と言われること,父親には「神経質だから」と言われ慰めてもらえないこと,「気のせい」のような気がしても痛みがなくならないこと,「神経質」な性格の変え方がわからないこと,大学の単位のことが心配であることといった,いわゆる「ストレス」を引き起こしたといえるだろう。そして,これらのストレスがまた身体に影響を与え,胃の痛みを持続させていると考えられる。そして,その痛みはまた彩美さんのストレスを引き起こし……というふうに,心（心理社会的

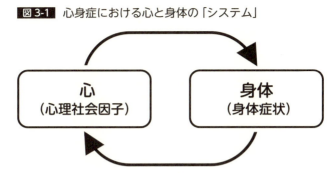

図 3-1 心身症における心と身体の「システム」

因子）と身体（身体症状）が相互に原因となったり結果となったりするかたちで影響し合い，心身症という病態を作り上げてしまっていると考えられる（図3-1）。

このように，相互に影響し合っているもののセット（ここでは，心と身体のセット），つまり相互作用し続ける全体を「システム」と呼ぶことは本書の第2章で説明済みだが，心身症という病態はまさに，心と身体が相互作用し続ける「システム」なのであり，心療内科ではこれを「心身相関」と呼ぶ。

4 摂食障害をめぐる「システム」

「摂食障害」という疾患は，一般的にもよく知られている。だが，「摂食障害」と一口に言ってもさまざまなタイプがあるので，ここではその代表ともいえる「神経性やせ症」について述べることとしよう。

「神経性やせ症」とは，太ることを極度に恐れて正常体重（これは年齢や性別などによって異なる）の下限を下回る体重を維持しようと摂食を拒否し，体重が明らかに低くやせているにもかかわらずそれを認めず，自分は太っているという確信をもっている状態のことを指す。

聡明な読者のみなさまならここでお気づきかもしれないが，この疾患の特徴とされる「太ることの恐怖」「摂食の拒否」「自分は太っているという確信」はいずれも精神症状と考えられるため（「やせ」は身体症状といえるかもしれないが），「神経性やせ症は心身症である」とは断言しにくい。しかし，神経性やせ症が引き起こす症状に，低血糖による意識障害，下剤の乱用や嘔吐による低カリウム血症や腎不全などがあり，これらは内科的治療を要することが多い(2)ため，神経性やせ症の治療は心療内科で行われることが多い（もちろん精神科で治療する場合もある）。

心身症における「心身相関」というシステムを治療対象とする心療内科の治療は，当然「システム」という考え方を念頭に置いて行われる。そして，この「システム」という考え方は，摂食障害（神経性やせ症）患者へのアプローチにおいても有用となりうる。

また例を挙げてみよう。

ある女子高生がダイエットを契機に，神経性やせ症に罹患した。身長160cmに対し，体重は37kg。髪はパサパサで，土気色の顔には深いしわが刻まれている。腕や脚の筋肉は落ち，肘や膝の関節が浮き出ている。

しかし，彼女は確信に満ちた様子でこう言う。

「絶対35kgまで減らすんです。こんなに太ってたら，みっともないじゃないですか」

では，このような摂食障害患者に対し，周囲はどのようにかかわるだろうか。

われわれは，かなり幼い頃から「人は食事を摂らないと死に至る（餓死する）」ということを知っている（神経性やせ症患者の死因として多いのは，実は低血糖発作や感染症なのだが）。そのため，家族は必死になって患者に食事を摂らせようとする。医師や看護師などの医療従事者も，栄養状態を改善さ

せるためにどうにかして食事を摂らせようとし，それでも食べない時には点滴や経鼻胃管栄養を用いる。しかし前述の通り，この疾患には太ることを極度に恐れるという特徴がある。患者は，家族や医療従事者の食べさせようという試みに対し，全力で抵抗する。家族や医療従事者も患者の生命がかかっていることを知っているため，食べさせようと必死になる。結果，食べることをめぐる文字通り命がけの攻防が繰り広げられ，長期化し，患者と家族・医療従事者は互いにいがみ合う関係（システム）を作ってしまう。すべての事例がそうだというわけではないが，このような摂食障害をめぐる「システム」ができあがってしまうことは，決して稀なことではない。

　筆者はこれまでも，心療内科での臨床において，患者の家族やその患者にかかわる医療従事者を含めた「システム」という視点をもつことの有用性を論じてきた (1) (3)。

　ここでは，摂食障害患者とそれにかかわる医療従事者や家族という「システム」に対してアプローチした一例として，優衣さんの事例を報告する（当事者および関係者のプライバシーに配慮し，人物の名前をすべて仮名にするなどの方法によって文脈が損なわれない程度に内容を改変した）。

5　ある摂食障害患者のお話

Ⅰ）うまくいかない「システム」

　ある日の夕方，筆者（臨床心理士）は入院患者とのカウンセリングを終え，心療内科病棟のスタッフルームでカルテを書いていた。すると，そこへ普段から懇意にしている心療内科医の山木先生と看護師の堀口さんから「ちょっと相談があるんですけど……」と声をかけられた。

　話を聴くと，二人が担当している入院患者の優衣さんの対応で苦慮し

ているという。

　優衣さんは17歳の高校2年生。運動部に所属していたが，練習に打ち込むうちに45kgあった体重が42kgになった（身長は153cm）。これを機に食事制限を始めたところ，みるみるうちに体重は減少した。家族はやせすぎを心配したが，優衣さんは耳を傾けようとはしなかった。30kgまで減った頃，優衣さんは激しい食欲に襲われるようになり，自室に隠れて過食を始めた。体重が増えることを恐れる優衣さんは，過食のあとには必ずトイレで食べたものを吐き出すようになり，大量の下剤を使用するようになった。過食の衝動は止まらず，お小遣いがなくなった優衣さんは，スーパーでパンを万引きしようとしたところを店員に咎められた。この一件で初めて過食のことを知った両親は，慌てて優衣さんを心療内科に連れてきた。この時，優衣さんの体重はなんと28kg，BMIは12であった。

　心療内科を受診したその日のうちに緊急入院となった優衣さんだったが，入院後まったく食事を摂ろうとしていなかった。

　堀口：頑張って食べさせようとしてるんですけど，そうすると怒り出すんですよ……。
　山木：経鼻胃管栄養の話をしてから，一切話をしてくれない状態で……。
　堀口：ご家族も心配して毎日お見舞いにこられて，食べるように促してくださるんですけど，「もう二度とこないで！」って追い返しちゃうんです。
　山木：カウンセリングでなんとかならないですかね……？

Ⅱ）今までにない「システム」へ

　優衣さんはたしかに摂食障害（神経性やせ症）を患い，食事を拒んでいた。

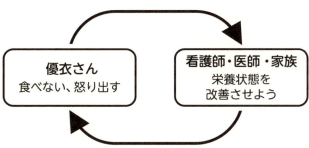

図 3-2 優衣さんの摂食障害をめぐる「システム」

しかし筆者は、これを"優衣さん個人の問題"だとは考えなかった。

食事を摂ろうとしない優衣さんに対し、看護師は何とか食事を摂らせようと努力している。しかし、そんな看護師に対して優衣さんは怒り出す。家族についても同様である。優衣さんに対し、家族は食事を摂るように促す。しかし、そんな家族に対して優衣さんは腹を立て、追い返す。これらのやりとりは毎日繰り返されている。見かねた担当医が経鼻胃管栄養の話を持ち出す。すると優衣さんは、担当医との会話を拒むようになった。

筆者には、優衣さんの摂食障害をめぐって図3-2のようなやりとりが繰り返され、優衣さんと看護師・医師・家族が相互作用し続ける「システム」が作り上げられているように思えた。

さて、筆者は今、このシステムに加わることを求められている。筆者は医療従事者であるため、普通に加わるならば図3-2の右側（栄養状態を改善させようとする立場）になるだろう。しかし、ここで注目すべきは、このシステムで起こっているやりとり（相互作用）が今"うまくいっていない"ということである。看護師や家族が食事を摂らせようとしても、医師が経鼻胃管栄養によって栄養状態の改善を図ろうとしても、それらの試みは思うような結果に至っていない。それどころか、優衣さんと会話を続けることが難しくなってしまっている。

ここで筆者が言いたいことは，看護師や家族，医師の対応が"間違っている"ということではない。むしろ担当患者が，娘が，摂食障害を患っている場合のそれぞれの立場としては，ごく普通の対応だと思う。
　しかし，その"普通"が今は"うまくいっていない"のである。ならば，今からこのシステムに加わっていく筆者は，"普通"ではない対応をしたほうがよいだろう。筆者はそう考えた。
　そこで筆者は，山木先生と堀口さんにこう伝えた。
　「わかりました。やってみましょう。でも，優衣さんを面談室には呼びません。というより，最初のうちはたぶん話もしませんけど，そこは大目に見ておいてください」
　怪訝そうな表情を浮かべる二人を尻目に，筆者は優衣さんの病室に向かった。

Ⅲ）「システム」に加わる

　優衣さんの病室は四人部屋だった。優衣さんの隣のベッドには，同じく摂食障害（神経性やせ症）を患っている香織さんという女子大生が入院しており，筆者は彼女のカウンセリングを担当していた。
　入院して1週間が経ち，少しずつ摂食量が増えてきた香織さんに対し，筆者は声をかけた（以下，逐語録では筆者を「心理士」と表記する）。

　心理士：香織さん，こんばんは。
　香織　：あ，先生，こんばんは。
　心理士：調子はどう？
　香織　：今日も昨日よりたくさん食べました。食べられるご飯の量が増えてきたんです！
　心理士：えっ!?　そんなに食べて大丈夫!?
　香織　：大丈夫ですよ。っていうか先生，先生は普通，食べさせる立

　　　　　場でしょ（笑）。
　心理士：あ，そうだっけ？
　香織　：そうですよ，普通は。でも先生は「食べなさい」って言わな
　　　　　いから，気楽でいいですけどね（笑）。

　ベッドサイドで冗談交じりの会話を続けていると，ベッドを仕切っているカーテンのわずかな隙間から，こちらを見ている優衣さんが見えた。そこで，筆者は優衣さんにこう声をかけた。
「あ，いつもうるさくしてすみませんねー」
　優衣さんは何も言わず，顔を背けた。筆者もそれ以上の声をかけることはしなかった。

Ⅳ）新たな「システム」

　その後も筆者は朝夕の2回，香織さんのベッドサイドに行き，似たような会話を続けた。
　3日目の夕方，いつものように香織さんと笑い合い，そろそろ医局に戻ろうと腰を上げた時，筆者はいつものようにカーテンの隙間からこちらを見ている優衣さんに声をかけた。
「あぁ，うるさかったかな？　ほんと，ごめんなさいねー」
　すると，病室を去ろうとする筆者に，優衣さんが言葉を返してきた。

　優衣　：先生は心療内科の先生なんですか？
　心理士：まぁ，そうなんだけどね。でも，僕はお医者さんじゃないし，
　　　　　看護師さんでもないけどねー。
　優衣　：カウンセラー，みたいな感じ……？
　心理士：あぁ，まぁ，そんな感じかなー。
　優衣　：あのさぁ，心療内科の先生も看護師さんもみんな，あたしに

　　　　　　　無理やりご飯食べさせようとするねんけど，どうしたらやめ
　　　　　　　てくれると思う？
　　心理士：えっ，そうなの!?　なんか大変そうやねぇ……。
　　優衣　：うん，めっちゃ困ってる……。
　　心理士：そっかー。こんなみんないるところで話聴くのなんだし，面
　　　　　　　談室行く？
　　優衣　：うん。

　病棟の面談室に入った優衣さんは，太りたくない，食べたくないと強く思っていること，それにもかかわらず家族や医療スタッフが食べさせようとしてくるので困っていることを延々と語り続けた。筆者はひらすらこの話に耳を傾けていた。すると，優衣さんからこんな話が出てきた。

　　優衣　：あたしの小学校からの親友に真友ちゃんって子がいるねんけ
　　　　　　　どさ，真友ちゃんってめっちゃスマートで，性格もいい子や
　　　　　　　ねん。だから，高校入ってすぐイケメンの彼氏作ってんか。
　　　　　　　もう，めっちゃ憧れやわー。
　　心理士：へー，素敵な子なんやろねー。
　　優衣　：めっちゃ素敵。あたしも真友ちゃんみたいな「ステキ女子」
　　　　　　　になりたいなぁ……。
　　心理士：そっかー。あのさ，もしね，もしも優衣さんも「ステキ女子」
　　　　　　　になったとしたら，どんなふうになってると思う？
　　優衣　：えー，あたしが？　……そうやね，あたしもイケメン彼氏を
　　　　　　　作りたい(笑)。
　　心理士：おー，いいねー，イケメン彼氏。他には？
　　優衣　：その彼氏とユニバ(ユニバーサル・スタジオ・ジャパンというテーマパー
　　　　　　　クの略称。関西ではこのように略すことが多い)に行きたい！
　　心理士：おっ，楽しそう！

それからしばらくの間，二人で「イケメン彼氏」の話で盛り上がった。そして，筆者はこう尋ねた。

　　心理士：それで，どうやってイケメン彼氏作る？
　　優衣　：とりあえず退院せんとなぁ……。

いきなり現実的な話に戻った。

　　心理士：そっか，とりあえず退院かぁ……。
　　優衣　：やっぱ食べなあかんな……。
　　心理士：まぁでも，食べるのとか体重とかは目標とちゃうで。目標は
　　　　　　「イケメン彼氏とユニバ」やろ？
　　優衣　：そやな（笑）。そやけど先生，変な先生やなぁ……。

　気がつけば1時間近くが経過していた。そこで，この日のカウンセリングはここまでとし，またあらためて「ステキ女子」や「イケメン彼氏」の話をすることを約束し，二人は面談室をあとにした。

V）広がる「システム」

　翌朝，筆者が病棟に向かうと，スタッフルームが何やらざわめいていた。何があったのだろうと訝りながらスタッフルームに向かっていると，堀口さんが筆者のもとに駆け寄ってきた。
　「先生，優衣ちゃんが食べたんです！」
　この日の朝食の時間，看護師はいつも通り優衣さんに食事を配った。いつもなら見向きもしない優衣さんだが，今朝は違った。優衣さんは何も言わずじっと食事を見つめたあと，みずから箸を手にし，食事を摂り

始めたのだった。

　優衣さんはその後も少しずつではあるが，食事を摂るようになった。それも，誰かに促されたからというわけではなく，みずから進んで，である。

　筆者は約束通り，優衣さんとのカウンセリングを続けることにした。しかし，二人の間ではこれを「カウンセリング」とは呼ばず，「ステキ女子作戦の作戦会議」と呼んだ。その「作戦会議」のなかで，彼氏を作る方法を考えるうえでは年上の女性のアドバイスも必要だろうという話になったため，筆者から堀口さんに，彼氏を作るためのアドバイスを優衣さんにしてもらうようにお願いすることとなった。初めは堀口さんだけだったが，のちに数名の看護師がアドバイザーになってくれるようになり，最後はなんと優衣さんの母親も加わってくれた。また，優衣さんは山木先生とも再び会話を交わすようになり，毎晩仕事終わりに見舞いにきてくれる父親を笑顔で出迎えるようになった。

　こうして入院から2週間で優衣さんは退院を迎えた。

Ⅵ）「システム」のその後

　退院後も，優衣さんは定期的に筆者の外来を訪れ，「ステキ女子作戦の作戦会議」は続けられた。

　そして，高校3年生の時，念願の彼氏ができた。「全然イケメンちゃうけど，まぁ現実はこんなもんかな」と笑う優衣さんの体重は45kg，BMIは19.2。筆者の目には十分「ステキ女子」になったように見えた。

　その後，優衣さんは希望の大学に進学し，それから半年後に「ステキ女子作戦の作戦会議」は終わりを迎えた。

6 摂食障害をめぐる「システム」で，何が起こったのか

　本書のテーマである「システムズアプローチ」について，心療内科病棟における摂食障害患者に対する実践例を報告した。
　さて，摂食障害をめぐる「システム」で，何が起こったのか。
　食事を拒む優衣さんに対し，看護師は，家族は，医師は，何とかして食べさせよう，栄養状態を改善させようと努力していた。しかし，周囲がそのように努力を続ければ続けるほど，優衣さんは腹を立て，怒り出し，しまいには口もきいてくれない状態となってしまっていた。優衣さんと周囲はこのように相互作用し続けていた。
　このように相互作用し続ける「システム」に加わる際に，筆者は食べさせようという努力を放棄した。もちろん心中では，食べてほしいと思っていた。しかし，優衣さんの前では「食べさせることにまったく関心がない人」を装った。なぜなら，優衣さんは食べさせようとする人に対しては，腹を立て，怒り出し，口をきかなくなってしまっていたからである。
　病室を訪れるようになって3日目の夕方，筆者はようやく優衣さんと会話することができる「システム」を作ることができた。しかし，筆者はそこでも優衣さんに食べさせようとはしなかった。それよりも，優衣さんがどうなりたいかという話に注目し，それを広げた。「ステキ女子になりたい」「イケメン彼氏を作りたい」「彼氏とユニバに行きたい」。どれも17歳の女子高生としてはごく普通に思える，なりたい姿であった。
　食べさせようとはしない筆者と優衣さんとの相互作用が始まった翌朝，優衣さんはみずから食事を摂り始めた。そして，その後この新しい相互作用の片側に，堀口さんが，他の看護師たちが，優衣さんの母親が加わり，相互作用は続いた。また，山木医師や父親との関係は良好なものへと変化した。

関係者　みんなでコラボ　チーム医療

「心療内科におけるシステムズアプローチ川柳」で本章を締めることにしよう。

解 決努力が悪循環を作り出すことは，よくあることです。心療内科に限らず，悪循環の威力は案外すごいもので，それを断ち切ろうと努力するほど，ますます悪循環を強力に推し進めてしまいます。命の危険もあるので，援助者は医師の山木先生や看護師の堀口さんのように「治療しなくては」という一心で対応するのですが，優衣さんの心と身体がもともと悪循環しているために，その流れに巻き込まれてしまうのかもしれません。心理士は，そんな強力な流れに真っ向から逆らわず，かといって流れに乗ってしまうのではなく，悪循環のなかで一緒に泳ぎながら，うまく流れを変えたようです。

　悪循環の状況では，入り方を考えることはとても大事です。心理士はまず，病院のスタッフとして優衣さんからどう見られるのかを考えたと思われます。香織さんとのベッドサイドでの会話はいつものことだと思いますが，病棟という枠組みの緩い場面を利用して，隣のベッドを強く意識しながら話をしたのでしょう。病棟は外来と比べ，クライエントとの距離がとても近いため巻き込まれが生じやすい状況です。そうしたなかで，すでに巻き込まれている山木先生や堀口さんとは違うやり方で，クライエントの興味や関心を引かなければなりません。「食べ

なさい」と言う立場に立たないこと（を含め，他の人とは違った働きかけをすること）は周りとの関係にも影響しますから，独断では難しいものです。日頃の関係が大きく影響するので，自分が行動を起こす前に，周囲に与える影響を考える必要があります。心理士は日頃の信頼関係を使って，このあたりをうまく押さえているようです。

　次に，泳ぎ方です。悪循環に入った心理士が徹底的に優衣さんの話を聞いたように，援助者として「やりたいこと」や「やるべきこと」は横に置いて，まずはある程度クライエントの流れに乗ることが必要です。「そんなこと基本でしょう」と思われるかもしれませんが，本事例のように緊急入院になったケースではなおさらです。受診時から，「摂食障害」だけが注目されており，優衣さんに注意が向けられていないのです。心理士のように優衣さん自身に関心を寄せた質問をすることで，たくさんの新しい枠組みが語られます。それらをリソースと捉えることが，"作戦会議"につながったのだと思われます。

　その後の留意点として，悪循環に巻き込まれた人たちを含めて，再度支援システムを作り上げることが大事です。医療現場に限らず対人援助の現場では，このようにスタッフを巻き込んでの悪循環が生じることが多々あります。他のスタッフを悪者のような立場に置いたまま，継続的な支援を続けることはできません。悪循環に入る時には流れに沿うようにしても，自分が入ることで作り出した新しい流れから，あらためて支援システムを形成しなければなりません。心理士はそのあたりをきちんと考え，堀口さんを含む看護師たち，そして山木先生も支援システムに巻き込めたようです。

支援システムがうまく機能しないのは，クライエントやスタッフのせいではありません。心理士のように面前の相互作用にとらわれずに全体の相互作用を見渡すと，どんな工夫が必要かが見えてくるのだと思います。

(赤津)

第4章 精神科病院の入院治療

堀込俊郎

1　はじめに

　筆者はシステム論に基づく家族療法を学び始めてまだ間もない精神科医であるが，さまざまな臨床場面でそれを利用することに大きな可能性を感じている。本章では，システム論を入院治療にどのように利用しているのか，事例を通じて紹介したい。

　取り上げるのは，筆者が赴任したばかりの精神科病院でまだ病棟の人間関係に慣れていない頃，急性期病棟に入院した情緒不安定性パーソナリティ障害の症例である。急性期病棟には病識を伴わない患者の入院が多く，入院当初患者が治療に非協力的な場合もあるが，しばらくすると看護師たちスタッフは上手に患者と協力的な関係を構築していることがほとんどである。筆者はいつもスタッフと患者の間にできる治療的なシステムに助けられており，その力を信じているのだが，しばしばそのシステムがうまく機能しないのが情緒不安定性パーソナリティ障害の入院治療である（以下の事例には趣旨が損なわれない範囲で修正を加えている）。

2 情報収集とジョイニング

　症例は28歳の女性Aさん。入院したAさんを担当することになったので，まずはカルテで情報収集する。外来のカルテ記載によると，他院に通院中の情緒不安定性パーソナリティ障害，自殺企図目的に真冬の海に入ろうとして保護され入院，うつ病併存の可能性も考えられるということであった。前医の紹介状には，これまでにさまざまな薬物療法を試みたが薬効に乏しかったこと，今回希死念慮が強まったのは母子葛藤が影響した可能性が考えられることが書かれていた。
　次に担当看護師に声をかける。担当になったのは若手男性看護師，通称「やまさん」。私と同じ患者を担当するのは初めてだった。

やまさん：先生，よろしくお願いします。僕もさっき初めて会って，挨拶しただけなんですけど，うつっぽくは見えなかったですよ。何となく元気があるというか。

私　　　：そうですか。海に入ろうとした時も元気だったのかしら？

やまさん：たしかに元気だったのかも。行くのにも2時間はかかる場所ですもんね。なんだ，じゃあそんなに心配しなくても早めに退院できますかね？

私　　　：うーん，どうですかねえ，カタルシス効果で今一時的に元気なだけかもしれませんしね，会ってみないことには何ともわかんないですねえ。

やまさん：なるほど，じゃあ先生，お願いします！　で，何でしたっけ？　カタル？？

　慣れない病棟では病棟スタッフにジョイニングすることが欠かせない。やまさんとの会話では私が情報をもらいたくて質問してみたところ，逆

に質問で返されて立場が逆転している。おそらくやまさんは普段,「医師から教えてもらう」コミュニケーションパターンになることが多いのだろう。ジョイニングのため,基本的にはそのパターンに合わせることを意識する。

　その後Aさんとの初回面接で聴取した成育歴・現病歴をまとめると以下のようである。

　父親は母親に暴力を振るっていたが自分には優しかった。母親はしつけが異常に厳しくよく叩かれた。小学校低学年の頃,中学生の姉がひきこもりになって母親に暴力を振るうようになった。この頃から母は姉への対応に手一杯な様子だった。母親を守りたいと思い,家事の手伝いや勉強を頑張っていたが,母から感謝されたりほめられたりしたことはなかった。自身の性格は完璧主義。とくに対人関係でうまくいかないことがあると「死んでしまいたい」という思いが強まり,中学生の頃からリストカットをするようになった。声優を目指して専門学校に入り卒業したが夢は叶わず,アルバイトをするようになった。しかしアルバイトも長続きせず,イライラして衝動買いや過食,性的逸脱行為を繰り返すようになった。24歳時に父が死去して以降,腹痛を繰り返して内科を受診。精神的な問題が原因と指摘されて精神科クリニックに通院を始めたがあまり改善しなかった。26歳時に姉が離れて暮らすようになると,今度は自分自身が母親に暴言を吐いたり,暴力を振るったりするようになった。また金銭的浪費のために借金を抱え,死んだら楽になるという考えが次第に強まった。入院の数日前に自殺目的に海に入ろうとしたところ,たまたま近くにいた警察官に保護された。それから我に返って自殺は思いとどまったが,クリニック受診時に入院での治療を勧められ,筆者の勤める病院に入院となった。現在は抑うつ的な気分はなく,この入院でしっかり病気を治したいと思っている。

　ナースステーションに戻るとやまさんが声をかけてくれる。

やまさん：先生，どうでした？
私　　：たしかにうつっぽくなかったですね。
やまさん：そうですよね。治療はどうするんですか？
私　　：うつによって希死念慮が生じたのでないなら，薬での改善はあまり期待できそうにないですよね。これまでも薬に反応しなかったようですし。
やまさん：それじゃあ，どうするんですか？
私　　：まずは時間をかけて話を聞いて，情報を集めることを続けましょう。やまさんも，話を聞いて，また一緒に作戦考えてくれませんか？
やまさん：OKです。やってみます。

　やまさんの「医師から教わる」というパターンに合わせすぎると，上下関係の様相を強めて，「指示する人と従う人」という関係が形成されそうである。私としてはできるだけチームで意見を出し合いながら治療を進めたいので，質問には答えつつ，最終的には一緒に考えるというパターンへの変化を起こそうとしている。こうして私とやまさんはそれぞれ，Aさんとの面接を行うようになった。
　Aさんとの2回目の面接では，入院中の治療方針を共有することを目指し，入院中に治したいのはどんなところかを尋ねるところから始めることにした。治したいのは「イライラして衝動的になってしまうところ」で，とくに母親に対しては抑えられないということであった。Aさんの希望に沿って入院中の目標は衝動性のコントロールに置くとして，どういった方法でそれを達成したらよいか。病棟内での衝動性に焦点を当てるか，母とのコミュニケーションに焦点を当てるか……。治療方針を考えながら病棟に顔を出すと，いつものようにやまさんが声をかけてくれる。

やまさん ：せんせーい。
私　　　：はーい，やまさん。Aさんはどうですか？
やまさん ：なんかお母さんにイライラするみたいです。
私　　　：それ，私にも言ってましたー。
やまさん ：だからお母さんのことなんて忘れて，別のこと考えようよって言ったんですよ。
私　　　：おお，なるほど。どんなこと考えてもらったらいいですかね？
やまさん ：とりあえず入院中はTV観るとか，他の患者さんと話したりしてみたらって，提案しました。
私　　　：なるほど，なるほど。そうしたらAさんはなんて？
やまさん ：やってみますって，前向きでしたよ。
私　　　：さすがやまさん。じゃあ，それでやってみましょう。

3 治療チームのシステム

　Aさんは看護師が話を聞いてくれることが嬉しいようであった。私にとっても，やまさんとAさんが協力して問題に取り組む関係ができて，やまさんが主体的にAさんに影響を与えるようになることはありがたかった。私はシステムを俯瞰しやすくなり，やまさんとAさんの関係性が治療上の好ましい変化につながるようにサポートする役割を担うことができる。

　入院当初Aさんは自室で過ごすことが多かったが，やまさんの促しもあって次第に他患者と過ごす時間も増え，朝のラジオ体操など病棟内の活動に積極的に参加するようになった。しかし病棟生活に慣れてくると，具合の悪い患者をラジオ体操に誘って迷惑がられ口論になるなど，病棟内でトラブルが生じることがたびたびあり，「人のことに口を挟ま

ないように」などとやまさんとは別の看護師に注意されることがあった。Aさんは「看護師たちに見放された感じがする」「（注意した看護師に）怒りを感じる」「居心地が悪い」と語るようになり，再び自室に閉じこもることが増えていった。

　この頃やまさんは他患者の対応に追われ，ゆっくりAさんと話す時間をとれなくなっていたようである。やまさんから声をかけてくれなくなったので，こちらから声をかけてみる。

　　私　　　：やまさん，Aさんの様子，どうですか？
　　やまさん：ちょっと忙しくなって，ゆっくり行けてないです。すいません。
　　私　　　：すいませんってことないですよ。忙しくても合間を縫って話を聞いてくださってる時あるでしょう？　カルテの記載見てますよ。
　　やまさん：いや，ああ，見てくださってるんですね。はい，話しには行くんですけど，いつもお母さんの悪口ばっかり言うんですよ。そんな過去のこと言ったってしょうがないのに。
　　私　　　：そうですよね，過去にとらわれちゃうと前に進めないですもんね。
　　やまさん：だから，他のことしようって言うんですけど……。

　やまさんとAさんの関係がギクシャクしてきたが，何とかやまさんとAさんが協力して問題解決を目指す関係を維持したい。そのためやまさんをエンパワメントしようと考えつつ，一方で「母の悪口ばかり言うAさんが問題」というやまさんのフレームに対しては「過去にとらわれてしまうことが問題」というふうに言い換えて，Aさんではなく症状が問題だというリフレーミングを試みている。

　やまさんとAさんのコミュニケーションに注目してみると，Aさん

は病棟での活動を増やしていったら他の看護師に注意されてしまったので，それを理由にやまさんの提案に乗らなくなったようだった。『Aさん：母への怒りを表出 → やまさん：「別のこと考えよう」と提案 → Aさん：「怒られちゃう」と言って提案を拒否 → やまさん：いろいろ提案するがAさんが納得する案が出てこない → Aさん：母への怒りを表出』ということが繰り返されて，膠着してしまったように見える。

しばらくやまさんを励ましつつ様子を見ることにしたが，『私：やまさんを励ます → やまさん：Aさんに提案 → Aさん：拒否する →私：やまさんを励ます』というコミュニケーションが繰り返されるようになっていた。

4　リーダーへのジョイニング

次第にやまさんはAさんと距離をとるようになったようである。

チームとしての治療が悪循環パターンに陥っている時は，他の病棟看護師の力を借りられるのが病棟の強みである。そこで私は，病棟で「リーダー」と呼ばれる役割の女性看護師へのジョイニングを試みることにした。「お疲れさまです」と声をかけ，しばらく会話した後，以下のように切り出した。

私　　　：ところで最近のAさんの様子はどうですか？
リーダー：ああAさんね，部屋でなんか日記とか書いてるみたいですよ。
私　　　：あんまり部屋からは出てこないんですね。
リーダー：あんまり出てくると……。いえ，Aさんも悪気はないんだと思うんですけどね，他の患者さんに過干渉になっちゃったりするので，他の患者さんが具合悪くなりそうなんです

よね。ほら，全体のバランス考えないといけないじゃないですか。先生，Ａさんは退院まであとどれくらいかかりそうですか？ どうなったら退院なんですか？ もう希死念慮はないんですよね？
私　　　：う，うーん，そうですね，家に帰ったらまた現実と向き合うことになって，それでも死にたい気持ちが再燃しないようにしないといけなくて，そうじゃないとまた自殺企図して戻ってくることになりそうで……。（怖いよ〜）

　リーダーの質問攻めにタジタジである。治療がよい方向に進んでいないように見えるだろうから，入院している意味がなさそうに感じるのもわかるし……と看護ステーションで目を泳がせていると，やまさんの姿が目に入ったので，リーダーの「退院，早めにお願いね」というオーラを何とかかわし，やまさんに歩み寄った。

5　病棟全体のシステム

　この時やまさんは本を広げて勉強中で，本の中身は認知行動療法（以下CBT）だった。

私　　　：やまさんっ！
やまさん：は，はい!?

　助けを求めるように声をかけると，よほど勉強に集中していたようで，リーダーの追及から命からがら逃れてきた私に驚いた様子であった。

私　　　：すごい集中して勉強してますね。

やまさん：いや，はは，仕事中なんで，本当はよくないんですけどね。
私　　：すごいですね，やまさん，CBTやるんですか？
やまさん：いや，やってるわけじゃないんですけど，興味はあって，勉強しようとは思ってるんです。講習会にも行ってみようか迷ってて。
私　　：素晴らしいじゃないですか！
やまさん：そ，そうですか？　看護師がこういうのやるってあんまり聞いたことなくて。
私　　：いやいや，これから絶対そういう時代になりますよ，だって……。

　ここから5分くらい，看護師がCBTをやることの意義についてやまさんに熱心に語りかけた。今の状況を変えるのに使えそうだと思ったからで，看護師がCBTをやる意義というのはこの時とっさに考えながら話していた。
　今の状況を「リーダーをはじめとする病棟スタッフ－やまさん－Aさん」の三角関係で考えてみる。「やまさん－Aさん」は当初良好な関係を構築していたが，Aさんが病棟スタッフに注意されたことに腹を立て，「病棟スタッフ－Aさん」関係が対立。やまさんは間に立たされることになるが，もともと「やまさん－病棟」は親密な関係にあるのでやまさんは病棟寄りである。したがって「やまさん－Aさん」関係に距離ができる。リーダーの発言から「Aさんが問題」というやまさんと共通のフレームが垣間見られ，やまさんは病棟スタッフと一緒にAさんと対立していると見ることもできる。
　また「私－やまさん－Aさん」の三角関係では，「私－Aさん」関係が良好ななか，「やまさん－Aさん」関係に距離ができ，結果としてやまさんがAさんだけでなく私からも距離をとったと考えられる。やまさんが私に話しかけてこなくなった時点でこのことに気がつくべきで

あったし，励ますだけでなくもっと具体的な方法をやまさんと話し合うべきだったかもしれない．さらに病棟へのジョイニングにもっと早期に取り組むべきだった．このままでは私とAさんが病棟全体と対立した構造ができて先々の治療が苦しくなり，Aさんが衝動性をコントロールできずに行動化してしまうリスクが高まりそうなので，何とかこの構造に変化を起こそうと私は考えていたのである．

やまさん：そうですよね，やっぱり迷ってたけど，CBTの講習会行きます！
私　　：私も（ほんの少しだけ）CBT勉強したことあるんですけど，いきなり講習会に行って勉強するより，自分なりにでもやってみてから講習受けたほうが，実感しやすいし身につきやすいと思うんですよ．
やまさん：なるほど，たしかに．
私　　：やってみますか？　Aさんに練習で．
やまさん：ええ？　いいんですか？
私　　：もちろん，一緒に勉強しながらやりましょうよ！

6 CBTもどき

　CBTを受けもち患者に試してよいという主治医の許可は，やまさんのやる気をもう一度引き出すには十分だったようである．その後Aさんにも説明し（うまくやる気になっていただいて），やまさんによるAさんのCBTが始まった．詳細は省くが，正直なところ内容はCBTとは言いがたい"CBTもどき"であった．そしてうまくいかない部分をやまさんが私に確認してくるようになったので，「白黒思考ですね」などともっともらしいことを言ってみたりして，私は"スーパーバイザーもどき"

の役割を担いながらやまさんをバックアップすることにした。こうして再びやまさんとAさん,そして私が協力して問題に取り組む枠組みができてきた。ただもちろん,そんなに簡単に治療は進まない。

やまさん：認知の修正って難しいですね。結局,お母さんの過去の悪口ばかり言うのは変わんないです。
私　　　：やってみると,本に書いてあるように簡単にはいかないですよね。
やまさん：そうなんですよ。
私　　　：それなら,行動活性化っていうのをやってみませんか？
やまさん：行動活性化ってことは,いろいろやってもらうってことですよね。うまくいきますかねえ？
私　　　：うまくいかなくてもいいんですよ。
やまさん：ええ？
私　　　：だってうまくいかなかったことの振り返りを行うことが,治療的なCBTにつながりますよ。
やまさん：なるほど,そうか,たしかにそうですね。
私　　　：だから失敗を恐れず,やまさんもアイディアを出しながら,Aさんに行動を促してみてください。

　もちろん私はCBTについては適当なことを言っているのだが,ここで狙っているのはCBTの効果ではない。やまさんとAさんの間のコミュニケーションの変化である。やまさんが「別のことを考えよう」と言ってAさんに気分転換を提案した時に,Aさんが拒否したとしても,治療のためだからとやまさんがAさんをさらに励まして,Aさんの行動を促すことに期待したのである。もちろんうまくいかないかもしれないが,その場合,うまくいかない場面を題材に認知再構成法（いわゆる認知の修正）に取り組めば,母親以外のテーマで問題解決を目指し話し合う状

況が作れるので，Aさんが母親を責めるというコミュニケーションに変化を起こせると考えたのである。

7 リーダーへのジョイニング（リベンジ）

　ここでリーダーへのジョイニングをもう一度試みる。リーダーは病棟全体のバランスを重視する視点に立って個々の患者を評価しているようである。病棟には必ず必要なその役割を尊重しつつ，Aさんの治療に参加してもらうことが目的である。

私　　　：リーダーさん，実はやまさんにAさんのCBTを始めてもらってるんです。
リーダー：知ってますけど，大丈夫ですか？
私　　　：ええ，CBTは大丈夫なんですけどね，ちょっとリーダーにも協力してほしいことがありまして。
リーダー：何でしょう。
私　　　：実は，CBTには行動活性化という技法が欠かせないんです。だから今後，Aさんが部屋から出てくる時間がだんだん増えてくるようになると思うんですよ。
リーダー：はあ。
私　　　：そこでまた他の患者さんとトラブルが起きちゃったりすると，よろしくないですよね。だから，忙しいリーダーさんにこんなことお願いするのは本当に心苦しいんですけど，ちょっとAさんを見守ってもらって，他の患者さんとトラブルになりそうだったり，あるいはトラブルが起きてしまったら，それをやまさんと私に教えてもらえませんか？

先ほど述べた通り，私としてはここでトラブルが生じても問題なかったのだが，リーダーは病棟内でトラブルが起こってほしくなかったのだろう，病棟内でのAさんの過ごし方や，起こりそうな問題についてやまさんと話し合うようになった。
　結果的にAさんはやまさんの提案に乗って，再び自室から出て過ごすことが増えていった。紆余曲折はあったものの，次第にやまさんはリーダーと相談しながら自信をもって"CBTもどき"を行えるようになってきたので，私の"スーパーバイザーもどき"の役割はだんだん不要となっていった（少しだけ寂しかったが）。

　私　　　：リーダー，Aさんの様子はどうですか？
　リーダー：まあ，いろいろありましたけどね，最近は問題起きてないですね。
　私　　　：さすが，リーダーが頑張って見守ってくれているおかげですね。
　リーダー：いやいや，でもなんだか，最近はAさんも前向きに取り組んでるみたいですね。

　リーダのAさんへの評価も，「問題を起こす患者」から「問題を抱えながらも前向きに努力している患者」へと変化したようだった。

8　入院治療の終結

　Aさんが病棟内でトラブルを生じることなく過ごせるようになると，「病棟－Aさん」間の緊張もなくなり，Aさんにとって病棟内が安心して過ごせる場になってくる。するとAさんは現実的に自分の将来を考えるようになった。その結果，精神保健福祉士とも相談を始めて自己破

産の手続きを開始。退院後の生活についてもやまさんと検討を始めて，リーダーの提案で病院のデイケアを利用するようになった。Aさんがデイケア利用を続けながら就労を目指したいと希望したため，退院後も元のクリニックではなくこの病院への通院を続けることとなり，退院となった。

9　考察

　情緒不安定性パーソナリティ障害の患者は，しばしば医療スタッフに対して批判的になり，その対応に苦労する[1][2]。一方で通常の精神療法や薬物療法の効果はほとんど期待できない[3][4]。看護師は情緒不安定性パーソナリティ障害の患者を受けもつ機会が多いほど，彼らに対して非共感的になりやすく否定的な態度となりやすいと指摘されている[5]が，苦労してかかわり続けても患者によい変化が生じているように感じられないことがその一因だろう。

　本事例におけるリーダーは，まさにそうした苦労を多く経験してきたと思われるベテラン看護師だった。情緒不安定性パーソナリティ障害の患者とスタッフとの間に一度対立した関係が生じてしまうと，その修正が難しい場合がある。修正できずにいれば行動化がエスカレートするリスクがあるし，スタッフが理不尽に批判や暴言にさらされていると，スタッフだけでなく，スタッフに我慢を強いる主治医にとってもつらい状況となる。もちろんそれは患者自身にとっても「居心地が悪い」環境である。だからリーダーが「早めの退院」を主治医に促すのはとても合理的な判断だと思われた。しかし退院後も外来で長く付き合っていく主治医の立場からすると，今後も危機的な状況が生じた際の選択肢として入院という手段をもっておきたいので，入院病棟が患者にとって居心地の悪い場所のまま退院することを避けたいという思いがあった。だからと

いって「患者を問題視するスタッフが問題だ」などと言ってしまうと私とリーダーの対立が深まり，病棟とのジョイニングは決定的に難しくなってしまっただろう。これは家族療法で，ジョイニングが十分でないのに「家族の〇〇が悪い」といった枠組みの利用はやめたほうがよい(6)とされるのと同様のことと思われる。また「悪者探しをしない」などの家族療法の原則(7)も，病棟のシステムを対象とする場合に適用するのがよさそうである。

　家族療法では，直面する困難を乗り越え回復していく力は家族のなかに備わっていると考え，そのプロセスを援助していく役割を家族療法家が担う(7)。別の言葉でいえば，家族は資源（リソース）(6)である。病棟での治療の場合スタッフは資源であり，主治医はスタッフと患者が困難を解決していくプロセスを援助していく役割を担うことで，患者に効果的な変化を起こせることも多いと感じる。そして家族を対象とする場合と同様に，そうした治療を行うには病棟のシステムを把握し，そこにジョイニングしておく必要がある。

　この事例では，私が病棟システムにジョイニングできていない状態で治療がスタートしている。そのため病棟とAさんが対立した際に（あるいはその前に），リーダーを窓口にして病棟システムに変化を起こすことができなかった。そこでまずやまさんに働きかけ，CBTを利用してやまさんがAさんに影響を与える構造を維持することを目指した。CBTの技法を十分理解することなく利用したことについてCBTの専門家が気を悪くしていたら謝罪したいが，内容（コンテンツ）にとらわれることなく関係性やコミュニケーション（コンテクスト）の変化に注目するのもシステム論の特徴である。そして治療がよい方向に向かう予想が立った頃，リーダーにも治療チームに参加してもらうことで入院治療の意義や達成感を感じてもらい，生じた変化を「リーダーのおかげ」だと強調することでジョイニングにも役立てた。結果として「病棟－Aさん」関係にも変化が生じ，病棟がAさんにとって安心できる場となった。さらに

Aさんが安心感をもてる範囲は病院全体へ拡張してデイケア利用にもつながった。

過去にとらわれていたAさんにとって，デイケアを利用しながら就労を目指すという方針は，「前向きに努力している患者」という病棟からの評価に支えられてやっともつことのできた目標であり，自殺企図をするほどまでに絶望していた将来に対する一筋の希望だったように思われる。そして将来に希望をもつことが，過去にとらわれる必要性をなくしていったのではないだろうか。退院後はデイケアがAさんにとって安定した人間関係をもてる場となっていった。その後も母との葛藤は持続したが，デイケアを足がかりにおよそ1年の経過で就労にまで結びついている。

システム論の見方は，通常治療では治療効果の乏しいとされる病態に対しても効果的な変化を生じさせる可能性を筆者は常々感じている。また家族面接以外にもさまざまな場面で臨床に応用可能である。そしてこの事例のように患者とわれわれ医療従事者が作るシステムを意識する視点をもつと，チーム医療を行いやすくなって治療が楽しくなることも，私にとってシステム論の魅力の1つとなっている。

システムMEMO

本事例では認知行動療法や行動活性化といった方法論が登場していますが，そうしたセラピーそのものの有効性というより，それらが導入されることによってどのようなシステム，人間関係が構築されるか，その点に関心が払われています。このことはまた，対人援助の最大公約数の1つがコミュニケーションであることを指し示しています。どんな流派やア

プローチだろうと，どのような職種や現場だろうと，対人援助にコミュニケーションは必ず含まれます。コミュニケーションを見立てる視点に馴染むと，本事例の医師がそうであったように，ことさらシステムを強調しなくても，「みんな」と協調しつつ全体を見据えることができるようになります。

　病棟における入院治療には多くのスタッフ，関係者が関与します。現行生じているコミュニケーションのすべてを把握できるのであればそれに越したことはありませんが，その作業だけで支援者の動きが停滞してしまっては意味がありません。ですから，多くの場合，ターゲットとする対象システムの範囲を絞ることになります。

　本事例で医師は，ターゲットを絞るうえで「医師―Ａさん―やまさん」「リーダー―やまさん―Ａさん」といった三者関係に注目しています。対人援助には「父―母―子」の三者関係に注目するという伝統的な考え方もあります。いずれにしろ，三者関係は連合関係を整理するための図式として有用です。ここでは参考までに，システム的理解を簡便に用いる指標として，ハイダーらのバランス理論を挙げておきましょう（くわしくはHoffman（1）をご参照ください）。

　本理論は，二者間の関係性を良好か（プラス）不良好か（マイナス）で評価します。次に，三者による３つの二者関係をすべて掛け合わせます。その結果がプラスであれば三者の関係は安定し，マイナスだと不安定になる，と考えます。安定化するパターンは三者すべてが良好な関係にある場合か（プラス×プラス×プラス＝プラス），誰かを悪者にして二者が結託する場合（プラス×マイナス×マイナス＝プラス）に限られます。支援の方向性としては，前者

を目指したいものです。後者は，入院治療を例にとると，問題が生じた時に，①スタッフ間で患者を悪者にする，②スタッフと患者で結託して特定スタッフを悪者にする，こうしたかたちで病棟が非支援的に安定化，固定化してしまう事態を指します。

　そうならないよう，本事例で医師は，リーダーに接触を図ったり，認知行動療法を用いて看護師と患者の交流を促進させたりと，医師みずからの動きを変えることで，変化を呼びこんでいます。

　ところで，異なる専門家同士による相談援助活動というと，コンサルテーションが思い浮かびます。システム的理解に基づいたコンサルテーションがシステムズ・コンサルテーションです (1)(2)。従来のコンサルテーション・モデルにおける悩ましさの1つは，コンサルタントが助言や指示を行う点にあります。助言や指示は協働的な関係というよりも上下関係を形成しやすく，コンサルティの専門性を尊重するというコンサルテーションの精神ともバッティングしやすいのです。システムズ・コンサルテーションでは，状況をシステム的に理解し，関係者の肯定的な側面を活かすことができるよう，「提案」をします。助言や指示が一方通行的なのに対し，提案は双方向的プロセス，すなわち対話を賦活させます。このように，コンサルティがはまりこんでいる状況について幅広い仮説的視点を提示し，対話的に進めることで協働的な実践を行おうとするのがシステムズ・コンサルテーションです。

　最後に一点，本章では医師がリーダーに対して「タジタジ」になる場面が描かれています。インフォーマルな場面で語られることはあっても，通常の事例報告ではカットされがちな一幕

です。しかし，支援者の感情もシステムの一部ですから，支援者の内的状態を言語化できるようにしておくことは，身につけておくべき一種のスキルである，と言っても言い過ぎではないでしょう。いつの間にか陰性感情にとらわれてしまった，ということを避けるためにも。

(田中)

第5章 産業保健のシステムを支援する
職場のアルコール問題事例から

松浦真澄

1 はじめに

　職場におけるメンタルヘルス対策は，労働者が自分自身の健康管理を行うこと（セルフケア）が大切であるだけでなく，管理監督者（職場の上司など）らによるケア，産業医など職場の産業保健スタッフによるケア，医療機関など職場外のサービスを活用したケアが大切であるとされている。つまり，職場のメンタルヘルス対策は，さまざまな立場や専門性をもった関係者が協働しながら進められることが前提となっている。

　労働者のメンタルヘルス問題では，うつ病や発達障害などが注目されている。その他，以前から課題であり続けているのがアルコール問題である。

　本章では，アルコール依存症が疑われる労働者へのかかわりにおいて，非常勤の企業内心理職が関係者への支援を行った面談場面を報告する（なお，事例に関する内容については，本章の主旨が維持される範囲で改変を加えている）。

2　経緯と背景

Ⅰ) 組織

　場面となる組織は，大都市に本社のある民間企業 X 社である。従業員数 1200 名ほどの製造業であり，本社のあるビルには約 500 名が勤務している。近年，メンタルヘルス不調の社員が増加したことから，産業保健体制の見直しを行っている。その一環として，それまで近隣地域の開業医が担当していた産業医の見直しを行い，心理職を新規に採用している。なお，以前から週 1 回の勤務を続けている看護職が 1 名いるが，健康診断に関する業務が多忙であり，メンタルヘルス関連の問題には直接的にかかわる時間がない状況である。

Ⅱ) 登場人物

本人 A：52 歳男性。営業事務 (係長職)。都市部の有名大学を卒業後，X 社に入社。もともとは営業職であったが，数年前に営業事務に転向 (詳細は後述する)。離婚歴あり，現在は一人暮らし。うつ病により休職中であるが，先月に職場復帰の意向を連絡してきた。

上司 B：53 歳男性。営業統括次長。A の入社当初から交流がある。義理人情にあつい人柄で，部下の面倒見もよい。

人事課主任 J：30 代後半女性。メンタルヘルスを含む，産業保健に関する業務を担当するようになって 5 年目。テキパキと仕事をこなす。一見クールな印象を与えるが，打ち解けた場では情感豊かに語ることが多い。仕事は仕事として割り切っているものの，とくにメンタルヘルス関連の社員対応には強い心理的負荷を感じている。

人事部部長 K：50代男性。新卒入社して以来，管理部門でのキャリアをもつ。人事部での経験が長く，労働法関連にも明るい。声が大きく，いつも笑顔であるがどこか迫力を伴った雰囲気がある。論理的に説明されることを好むものの，自身は説明を省いて物事を決めつける言い回しが多い。

産業医 L：40代後半男性。昨年度から X 社に月4回，半日間ずつ勤務している。産業医活動に熱心で，課題となっているメンタルヘルス不調についても積極的に関与している。

心理職 M：40代男性。X 社の産業保健体制の見直しにより，昨年度の途中から月に1回，半日間の勤務を行っている。ただし，勤務時間の関係もあり，担当する相談はJ主任か産業医Lからの紹介事例のみである。

なお，産業医 L と心理職 M は出勤日が異なるため，J 主任や記録ファイルを介した情報共有以外に，必要に応じて電話等で打ち合わせを行ってもよいことになっている。

Ⅲ）問題の経緯

A は入社1年目から営業部門に配属され，特段の問題もなく経過していた。しかし，40代なかばに離婚した頃から，遅刻や欠勤などの問題が生じ始めた。その後，これまでに肝機能障害で3度の入院をしており，現在はうつ病の診断で2回目の休職中である。当初は周囲もAの体調を心配していたが，仕事に穴を開けることが繰り返されたことから，次第に関係が悪化。3回目の入院となったところで，営業職から営業事務に転向（同時に，係長級に降格）となった。その頃から，A は周囲に悪態をつくようになり，上司の指示を守らないなどの問題行動もみられるようになった。うつ病による1回目の休職から復帰して以降は，ほとんど

業務をこなすことができないまま1年近くが経過した後に再休職となっている。最も親身になってAをサポートしてきたB次長にも「手に負えない」状態となっていた。

今回，Aが職場復帰の意向を伝えてきたことから，産業医Lが面談を実施。職場復帰は保留となっている。J主任らとの打ち合わせにて，産業医からAのアルコール依存症の可能性と専門的治療の必要性について提案がなされた。しかしながら，J主任らは「これ以上，まだAへの対応を続けないといけないのか？（退職してもらう方向で話を進めてはいけないのか？）」と難色を示した。長年にわたって繰り返されるAの問題行動のため，関係者はAに対して否定的な感情を強くもっており，改善を期待することや時間と労力を費やすことに意欲的になれない状態にあった。そこで，産業医Lから，人事部とMとの面談が提案されたのである。

Ⅳ）面談場面の経緯

集まる人数が多いことから，面談は応接室で行われた。Mが時刻通りに到着すると，疲れた様子のB次長，いつもと変わらずクールな様子のJ主任，やはりいつもと変わらずどこか迫力のある笑顔のK部長がすでに入室していた。B次長とMは初対面だったため，簡単に挨拶を交わした後，時間を確保したことについて全員が互いに労いを伝え合った。そして今回の面談が設定された経緯について，J主任から説明がなされた。

この面談は，Mには少々気の重いものであった。というのも，Aの「アルコール依存症の可能性」自体を最初に指摘したのはMなのであった。この日から約1ヵ月前に産業医Lと打ち合わせを行った際のことである。そして1週間前にも改めてLから連絡があり，人事と産業医との意向のズレについて報告を受けていた。要点は以下の通りであった。「人事部ではAへの退職勧奨を検討しているようだ」「しかし，以前までの

かかわり方や現状（くわしくは省略）を考えると，十分な事由がない。強引な対応を行うことで，法的なトラブルにつながってしまう可能性もある」「アルコールの問題について本人に伝え，専門治療の受診を指導することが必要と考えられる」「しかしJ主任らは，Aに感情的になっている様子で，この提案を受け入れてもらえそうにない」「Mとの面談を提案しておいたので，うまくその気にさせてほしい」。

　Mは，産業医Lとは他の事例ですでに連携しており，彼の仕事ぶりについて信頼を置いていた。今回の専門治療の指導や法的な観点などの判断についても，的確であると思われた。また，産業保健の現場において，心理職を頼りにしてもらえるのはありがたいことである。しかし，「うまくその気にさせてほしい」というのは少々"無茶ぶり"である気もしていた。そもそもは自分が気づいたアルコール問題であり，Mは複雑な心境であった。

　さらには，J主任からも当日の申し送りにて，この打ち合わせについて報告を受けていた。「本日の最後の時間に，K部長らとの面談を設定させていただいた」「くわしくは後ほど話すが，Aという社員について。5回も休職をしていて，こちらもほとほと困っている」「でも，産業医から治療の見直しについて話があった。どうするのがよいか相談をしたい」とのことであった。J主任は，産業医LとMが電話で打ち合わせた内容を知らない。

　J主任の説明の後，口を開いたのはK部長であった。

K部長：率直なところをお伝えしますと，Aはもう，うちの会社でやっていくのは難しいんじゃないかと思うんです。これまでに内科の入院を入れると5度も休職してますし，ほとんど仕事もできていないんですよ。
M　　：ははあ。そうなんですね。
K部長：ところが，L先生から「待った」がかかりまして。

M　　　：はあ！（少し驚いた様子で）
K部長：アルコール依存症であると考えられるから，専門の治療を受けてもらったほうがいいんじゃないか，というお話なんです。
（J主任に発言を促すように手で合図をする）
J主任：そうなんです。今回のうつ病も，アルコールが原因ではないか，ということで。でもこれまでのこともあって，私たちも困ってまして。そうしたら先日，L先生が「M先生と相談してみてはどうか？」と。
M　　　：えーー！（露骨に困った顔をする。一同笑）
K部長：なんでも，「M先生はアルコール依存症の専門家なんだ。前に依存症関連の機関で働いていたんだ」って。
M　　　：L先生，そんなこと言ってたんですか？　秘密にしてたはずなのに。なんでバレてしまったんですかね!?（一同笑）
K部長：すいません，Mさんの職務経歴書をちゃんと拝見してなくて。存じ上げておりませんでした。M先生！（笑）

　こちらを「アルコール依存症の専門家」としてみられるのはまったくの想定外であったし，実際にそんなたいそうな専門性など持ち合わせていない。しかし，「Mは専門家」という彼らの枠組みを活用することで，話が進みやすくなるかもしれない，と考えた。また，場の雰囲気が和んだ感触があり，M自身の気の重さも少し緩和されてきているのを感じた。
　次に，Mは問題の経過について説明を求めた。事実確認を兼ねてB次長らの認識を確認し，また，彼らに労いの意を伝えたいと考えたからである。J主任が，B次長に事実確認をしながら経緯について説明をした。K部長は時折口を挟みながら聞いている。Mは，語られるAの「問題」に対して，やや大きめの反応を示しながら，彼らの否定的な感情に同調し，これまで対応を重ねてきた苦労を労い，深々と頭を下げた。どうやら，B次長らに特段の意見や認識の相違はなさそうである。付け加

えるならば，B部長は非常に疲弊しており，J主任は感情的になっていて，K部長は冷ややかで辛辣，という印象であった。

M　　：私も以前にアルコールの問題のある方々とかかわらせていただくことがあったんですが，とにかく大変なんですよね。なんとか回復してもらいたいと思って，一生懸命にかかわるんですけど，何といいますか……裏切られる日々で。真面目な方が多くて，「酒やめます！」とか，「Mさんのおかげで目が覚めたんだよ！」「生まれ変わったつもりで頑張るよ！」って言ってくださるんですが，その帰りに飲んじゃう。すっごく持ち上げてくれたかと思いきや，ボロカスに攻撃されたりとか。

B次長：ほんと，おっしゃる通りです。似たようなことが，これまでに何度もありましたから。

J主任：私なんて，「人事のおまえに何がわかるんだ！」とか言われたんですよ!?　「アンタのことなんてわかりたくないよ！」って感じですよ！

K部長：（笑いながら）なになに，そんなこと言ってんの？　しょうがないなあ。

M　　：そうです，そうなんです。それで，周りがどんどん疲れていくんです。周りが先に倒れちゃう，こっちが病気になっちゃう，ということになるんです。とくに，一生懸命な方ほど疲れてしまうんです。本人のことを気にかけて，なんとかよくなってもらおうと頑張った人ほど，疲れていってしまう。これが「アルコール」の怖さなんですよ。依存症治療の現場でも，意欲的に頑張っているスタッフが燃えつきて辞めていった，というのを何人も知っています。専門職でもそうなんですよ。それくらい，「アルコール」というのは大変なんです。

このように，AのことではなくM自身の体験や一般論として語った。A自身からいったん頭を離してもらうことと，これまでの出来事がアルコール問題には一般的なものでもあることを示そうと考えていた。さらにMはアルコール問題がいかに大変であるかについて，語り続けた。そして次のようにいったんの締めくくりをした。

　　M　　：ですから，今後の対応を進めていくためにも，まずはみなさんがもっと労われて，癒される必要があるんじゃないかと思うんです。
　　B・J・K：（納得したように何度も頷く）
　　M　　：そうですよね。では，ここから先は，居酒屋さんで一杯やりながら続けましょうか !? お代はL先生に請求で！（一同笑）

　みながアルコール問題によって苦労をしてきたことを確認し，ある種の仲間意識が生まれていることを感じることができた。次に，産業医Lの方針に関するB次長らの認識をターゲットにしようと，意図的にLの方針に不満そうな言い方で切り出した。

　　M　　：ところで，L先生はどうしてまた，「まだ辞めさせちゃいけない！」なんて言うんでしょう？ これだけ問題が繰り返されているというのに。いったいどういうお話なんですか？

　産業医からなされた説明について，J主任が詳細かつ理路整然と共有をしてくれた。やはりMには，非常に理にかなった論理であると思われた。
　J主任が語る説明に対してMは就業規則（その職場で労働者が守るべきルールや労働条件などを定めたもの）等との整合性を確認しながら，初めは「ふんふ

ん」「ほー！」「んーー！」など大きめの反応を示していたが，徐々にトーンを落としていき，「うーん」「なるほど」など，J主任が話すLの意見に同意を示すような反応へと変えていった。いつしか，B次長とK部長もうなずきながら話を聞いていることをMは確認することができた。そこで，J主任からの説明が終わったところで，MはK部長に質問をした。

M　　　：ありがとうございます。そういうお話なんですね。なるほど……。(K部長のほうに顔を向けて) K部長，これって，人事労務的にといいますか，法的にといいますか，どんなものなんでしょう？　退職，っていうのは？

K部長：うーん，そうなんです。そこはL先生のおっしゃる通り，難しいんですよ。(B・J，深刻な表情となる)

M　　　：(数回大きくうなずきながら) はぁー，そうなんですかあ。われわれの心情としては納得しづらい気もするんですけど……。でも，そうなんですねえ。(B・J，深くため息をつきながらうなずく。K部長はむしろ落ち着いた様子)

　　　　　(少しトーンを変えて) ところで……そういえば，なんですけども，アルコール依存症ってどんな「病気」なのか，ご存知ですか？

　K部長から，理屈上は産業医Lの意見が妥当であることが確認された。次に，Aに対する感情や認識へのかかわりが重要であると考えられた。そこで，アルコール依存症についての心理教育 (アルコール教育) へと話題の切り替えを試みた。伝統的なアルコール依存症治療において，アルコール教育は「きほんのき」である。この時にも，「アルコール」という言葉をやや強調するとともに，"アルコールの怖さ"というフレーズを多用した。B次長らはまったく知らなかった情報に驚きを示しながら，熱心に耳を傾けていた。

　ここまでくると，Mは当初の気の重さもすっかり忘れている。B次

長らの様子を確認しながら，さらに話を進めた。

M ：それで，この「アルコール」の怖さなんですけどね。実は，依存症の方たちも，もはや好きで飲んでいるわけではないんです。(B次長らの表情が変わる) 先ほど，アルコール依存症は飲酒のコントロールができなくなっている状態だ，というお話をしたじゃないですか。飲んでもしんどい，身体もキツイ，医者からは「飲んだら死ぬよ」と言われている。だから頭の一方では，飲むのが嫌なんです。でももう一方では，飲まずにいられない自分がいる。やぶれかぶれで，泣きながら飲んでいた，という方もいらっしゃいます。

J主任：そんなになっちゃうんですか!? それでもお酒飲んじゃうんですか？

M ：でしょう？ だから病気なんです。病気が，「アルコール」が，彼らをそうさせるんですよ。「アルコール」が，彼らをお酒に走らせて，嘘をつかせて，周りから孤立させていくんです。周囲との関係を悪化させて，合理的な判断や社会的な生き方を，「アルコール」が彼らから奪っていくんです。

J主任：なるほど……。(一同，感心した様子で聞いている)

M ：これは，周囲の人たちも同じです。本人への不信感を抱かせたり，心配させたかと思いきや，怒りや，傷つきや，無力感を植えつけたりします。場合によっては罪悪感まで。さらには，周囲にいる関係者同士の意見や方針を対立させて，全体を混乱に陥れてくるんです。そうなるともう，「アルコール」側のやりたい放題になるわけですよ……。これが「アルコール」の……。(と言いかけて，K部長のほうに大きく上体を向ける)

K部長：怖さ，ですね。

M ：そうなんです。(一同，笑顔になる) これが「アルコール」の怖さ

なんです。これはもう，本当に厄介でして。専門家のチームでさえ，陥りかねない問題なんです。だからこそアルコール依存症の治療はさまざまな職種や関係機関がしっかりと連携をしながら，進めていくことが大切になるんです。

B・J・K：（はぁー，と息を吐くようにうなずく）

M　　：あ，すいません！　私ばっかりがしゃべっちゃってますね。アルコール問題の話になると，つい熱くなってしまいまして。ほら，専門家ですから。（B・J・K笑）

B次長：いえいえ，とてもよくわかりました。アルコール依存症という病気に……まあ依存症かどうかはまだ仮説の段階ですが，「アルコール」にですね（M「そうですね」），Aだけでなくわれわれも注意して対処していかないといけない，ということですね。

M　　：（真面目な顔で）そうですね。おっしゃる通りだと思います。

K部長：なるほど，よくわかりました。ただ一点気になるんですけどね。アルコール依存症，かもしれないAを，私たちは助けていかないといけないということでしょうか？　そうではなくて……。

M　　：そうです，そうです。失礼しました。あくまでも職場として適切な対応を進めていく，ということが基本軸になるはずです。先ほど確認していただいたように，ですね。もちろんそこには，一個人としてのAさんのため，という面も部分的には重なってくるかもしれませんが。でもここは治療のための施設ではありませんからね。とはいえもちろん，このあたりは御社の方針次第ではありますけれども。

K部長：なるほど，なるほど。よくわかりました。（いつもよりスッキリした笑顔）

M　　：ですから，会社のルールを守って，求められる労務を提供で

きるか，という観点と並行して検討していくことが重要になるはずです。現実問題として。ただ，「アルコール」に振り回されると，そこもグチャグチャでわけがわからなくなってしまったりするんですよね。(B・J，納得した様子でうなずく)

　K部長の発言は，彼の立場からすれば至極当然である。労働契約により，企業は給与を支払う義務があると同時に，労働者は労務を提供する義務を負っているのだ。ここを軽視すると，まさに事態がグチャグチャになりかねない。
　さて，もはや不要かもしれないが，次はB次長らと産業医との関係調整である。

M　　：(唸るように) それにしても，L先生は切れ味鋭いというか，明晰ですよねえ。相変わらず。
K部長：そうなんですよ。これまでも難しかった対応をいくつも進めてくださっていて，私たちも助かってますからね。(B次長，「へー！」という表情)
M　　：やっぱりそうですか。まあ，そのぶん，Jさんの仕事は増えてるんでしょうけどね (笑)。
J主任：そうです！　最初の頃は，「どうして!?」って思ってましたけど (一同笑)。
M　　：今回のAさんですが，幸いにして，L先生はまだAさんとのかかわりも少ないですし，まだ「アルコール」にやられていないと思われます。産業医というお立場から，しっかりと，全体を統括してもらえるといいですよね。(一同，納得した様子でうなずく)

　その後Mから，今後起こり得るであろうと予想されるAの問題行動

や，B次長とJ主任の疲弊などについて共有し，それらは「アルコール」によって引き起こされることであると確認した。さらに，関係者のネットワークが重要であり，情報共有と連携をしながら進めていきたいことなどを確認して，面談を終了した。

その後，産業医らによるかかわりにより，Aは専門機関での治療を開始。問題がすべて解消されたわけではないかもしれないが，無事に職場復帰をして就業を続けている。

3 考察

本面接における心理職Mのかかわりについて，心理教育と外在化の観点から筆者なりに若干の考察を行いたい。心理職MはB次長らに対し，アルコール依存症に関する基本的な心理教育を行った。このかかわりにより，A本人の状態やこれまで繰り返されてきた問題状況に対する捉え方に，変化が生じたことがうかがわれた。続けて，「アルコール」を外在化した言葉遣いや，ものの見方を提示した。あまりにも丁寧さを欠いた外在化で，「ただ煙に巻いただけではないか？」と訝しい点もあるものの，B次長らが事態を捉え直す契機にはなったようである。

このようにしてB次長らの苦労を労い，心情を肯定しつつも，問題を外在化させることによって認識の変化が生じ，合理的な観点（産業保健や人事労務）による再検討が進んだものと考えられよう。

4 おわりに

前述の通りX社では，産業保健体制の見直しがなされ始めたばかりであった。事実上，それまでの反省から下された決定である。このよう

な段階では，産業医などの専門スタッフがより主導的に関与することが重要であると筆者は考えている。人事部のスタッフらは，社員への対応を含めた産業保健活動について習熟していく途上にあることが多いからである。

　多職種の連携が重要であるがゆえに，われわれ専門スタッフは個々の事例状況だけでなく，組織の産業保健体制にも考慮して立ち回り方を工夫していく姿勢が求められる。その時，関係者のネットワークを支援することは，心理職にとって非常に重要な役割である。当然ながら，システム論の観点やかかわりは必須であろう。

　また，本報告は，長く険しい（かもしれない）アルコール問題への対応について，序盤の一部のみを切り出したものである。その後の対応は，主治医を含む多職種の連携によって進められた。職場により状況はさまざまであるが，産業保健活動に真摯にかかわる関係者らとチームで仕事ができることに感謝しつつ，本章を閉じたい。

システムMEMO

　外在化されたアルコールが，事例全体を彩る楽し気なメロディー（主旋律）のように響いてくるような気がするのは，わたしだけではないと思います。集まった支援システムの人々のなかで，Aさん自身が問題なのではなく，「Aさんとアルコールの関係」を話し合いのテーマとした仲間意識が芽生えているようです。それは，立場の異なる人々の気持ちに寄り添うM先生のフットワークの軽やかさによるものでしょう。状況が多岐にわたり時間が限られている産業保健領域では，バランス感覚が大事だと痛感します。

M先生は，L先生からの内々の依頼と合わせて，M先生自身もその方針に同意していたので，今回の面談の目標はAさんの支援システムを作ることです。そのために，M先生はまずL先生からの依頼を表に出さずにその情報を利用しつつ，関係者にジョイニングをしています。もちろん，Aさんに否定的感情を抱いている関係者の立場にひとまず立つことによって，です。このような内々の依頼の扱い方は状況や関係によってさまざまで，正しい方法があるわけではありません。支援者が関係者からどのように見られているのかに負うところが大きいため，その時々で自分と周りとの関係を慎重に考えることが大切だと思います。

　そんな入り方が功を奏したのが，最初の「場の和み」です。M先生はアルコールの専門家にされてしまったわけですが，それを利用しつつ，さりとて居丈高に構えることのないスタンスで，あくまで自分を含む関係者たちの身近な問題としてアルコールを扱っています。ジョイニング（アルコール？）の専門家として，一人ひとりの気持ちに寄り添っていきながら，アルコールを外在化する会話を展開し始めます。関係者はAさんに対して感情的になっていますので，慎重に慎重に，進めていきます。周りの反応がとても気になって仕方のないところなのでチェックを怠ることはできません。

　面談のなかでも，とくに現場でAさんに直接かかわっている人たちは失望や不信感を抱いていますが，人事のK部長のように立場の異なる人にとっては，そもそもL先生の立場に同意せざるを得ません。この違いを調整したのが，人事労務の実務や法的な観点の話題です。支援システムの枠組みを明確に

することがM先生の役割ですから，とても大事なところです。初めはAさんへの不信感の枠組みに沿って支援システムに入ったM先生ですが，K部長に質問することで人事部の立場を引き出しつつ，L先生の枠組みに仕方なさそうに乗っていくあたりが大きなターニングポイントになっています。

　外在化する会話が興味を引くところですが，記述からもわかる通り，M先生は関係者の非言語的コミュニケーションを意識したり，自身も非言語的コミュニケーションを積極的に行ったりしています。関係者の立場によって微妙に異なる共感ポイントに合わせたり，M先生の関心を示すメッセージとして非言語的コミュニケーションを行うことが，フットワークの軽やかさにつながっているようです。言葉で示すとくどくなるところを，態度で示しているということでしょうか。組織の現状を背景に，システムを構成する関係者らの枠組みに丁寧に合わせつつ，押さえるところは押さえつつ仲間意識を高めていくバランス感覚を見習いたいところです。

（赤津）

第6章 スクールカウンセリングに活かすシステム・シンキング

伊東秀章

1 はじめに

　筆者がスクールカウンセラー（以下，SC）として初めて赴いたのは，とある高校だった。どちらかというと荒れた学校で，筆者は訪れる前には戦々恐々とし，非行傾向にある児童と廊下ですれ違った時のイメージトレーニングを繰り返して，いざ出勤。現場に入ると，右も左もわからないなかで，大学院で学んだことを活かそうと必死だった。
　死ぬ気で作った資料を携えて，システムズアプローチのスーパーヴァイズを受けにいった。そこで言われた衝撃的な一言は，「レジュメ多すぎ」。さらに続けて「情報が足りない」と言われた筆者は混乱状態。その言葉は，単に見聞きしたことをひたすら書き綴るばかりで，必要な情報を現場で収集できていなかった筆者への「論外」宣告だったのだ。つまりシステミックな視点から見たら，何にもわかっていない状態であった。
　以降筆者は，ヴァイザーからの指示のもと，必要な情報を集めるために学校を走り回ることとなる。気分はなかば記者状態で，悩んでいる児童にかかわったすべての先生に質問を繰り返した。「先生はどうお考え

ですか？」「最近その児童の様子はどうですか？」「先生のお考えは変わっておられませんか？」。面接の合間に，職員室や保健室へ行くために廊下を行ったり来たり，急に忙しくなった。そうか，自分は今まで，当然必要なことをせず，手抜きをしていたんだな，と初めて気がついた。

本章では，学校現場の問題の1つである学級崩壊の事例を題材に，SCがシステミックに動く様について述べた。問題が発生し，それがSCにどのように伝わったのか，SCはどのように情報収集して，仮説を立て（アセスメント），どのような働きかけを経て，問題が解消していったのかをご覧いただければと思う（以下の記述は，実際の事例をベースにはしているが，個人情報を保護するため改変を加えている）。

2 事例の概要

小学校5年生の学級。学校に週1回訪問するSCは，教育相談担当の50代のベテラン男性教師（以下，C先生）から「学級崩壊しているクラスがある」と相談を受けた。

C先生からの報告によると，この学級の児童A（以下，Aくん）を中心に，数名の生徒が担任教師（以下，B先生）に向かって，「死ね」「きもい」などと授業中に連呼し，B先生が制止しようとしても「うるさい」「黙れ」などと反抗し，コントロール不能になっているとのことであった。

B先生はキャリア9年目，本校に赴任して1年目の30代前半の女性教員であった。

3 事例の経過

Ⅰ）情報収集と仮説設定

　SCはまず管理職に，当学級の現状について聞き取りを行った。校長は，「担任のB先生はプライドが高く，アドバイスを聞き入れない」と述べ，教頭は「B先生に余裕がない」，C先生は「B先生の適応力が低いことが問題」と述べた。校長，教頭，C先生それぞれがこの学級を問題だと思っているが，「B先生が問題である」と枠づけているとSCは考えた。

　放課後，SCはB先生を訪問し，何かお手伝いできることはないかと尋ねた。B先生は，「クラスのやんちゃ3人組が問題である。授業中の悪口を止めて，授業を静かに受けてほしい」という希望をもっていた。

　また，「問題はどのように起こっているのか」とSCが尋ねたところ，B先生は以下のような相互作用を話した。

　授業中に児童がうるさくなる → B先生：黙る → Aくん：「何か話せ！」→ B先生：「みんながうるさいから話せません」 → Aくん：「じゃあ勝手に俺らで話しよう」 → B先生：怒って指導する → 児童：静かになる → B先生：授業を再開する → 最初に戻る

　以上の情報をもとに，SCは次のように仮説を立てた。校長やC先生は「B先生が問題」と考え，B先生に指導しているが，B先生はその指導に対応できておらず，問題解決の意欲が下がっている状態である。また，学級内のシステムについては，B先生の指示に児童が従っている部分もあるが，児童に授業を妨害され，授業の進行が滞っている部分もある，とSCは考えた。

Ⅱ）介入

　そこで，SCはB先生に対して，この学級は4年生時から学級崩壊の予兆があったこと，今年度から赴任したB先生にそのことへの対応は不可能であることなどを理由に，現状としての学級崩壊状態は「B先生がすべての原因ではない」ということを説明した。すると，B先生は「そうですよね」と答え，泣き崩れた。

　そのうえで，B先生の主訴である「やんちゃ3人組が授業中に悪口を言うのを止めたい，授業を静かに受けさせたい」について，以下のように話し合った。

SC　　：先生が現状のすべての原因ではないですし，現状の問題はこれまでの過程のなかで起きてきたことですよね。

B先生：（泣きながらうなずく）

SC　　：にもかかわらず，本当に大変な状況のなかで，先生は対応してこられたというふうに思うのですが。

B先生：……。（うなずく）

SC　　：そうですよね。それで今後は，やんちゃ3人組の授業中の悪口が止まったり，授業を静かに受けてくれるようになってくれたらと考えておられる，ということですかね？

B先生：……そうですね，やっぱりあの子たちをなんとかしたいと思っています。

SC　　：ですよね。ただ，僕からすると，先生の指導によってある程度，あの子たちも言うことは聞いていると思うんです。先生が怒ったら静かにはなるでしょう？

B先生：それはそうですけど。

SC　　：そうなんです，そうですけど，すぐまたうるさくなっちゃいますよね。

B先生：はい。
SC　：むしろ，怒って静かになった後に，静かな状態を持続させる必要があるんじゃないかなと思うんです。3人組がまた話を始めにくい雰囲気を作る，といいますか。
B先生：あー，なるほど。うーん，他の子どもから注意されたりしたら，ちょっと気まずく思うかもしれないですね。
SC　：え，どういうことですか？　他の子どもから注意された時は，ちょっと違うんですか？
B先生：そういう時は静かになる気がします。
SC　：注意してくれるように先生がお願いしたら，乗ってくれる子はいるんですか？
B先生：それは何人かいますね。その子たちは，3人組にもある程度ものを言える子なんですよ。とくに女の子がいいんじゃないかなあ。
SC　：あっ，女の子？
B先生：そう，女の子から注意されたらちょっとね，大人しくなるんですよ。
SC　：へー，そしたら，そこからお試ししてみますか？
B先生：そうですね，やってみます。

以上より，「やんちゃ3人組がうるさくしないための雰囲気を作るべく，他の児童（とくに女子）から注意してもらうこと」が今後の方針となった。

Ⅲ）教員へのコンサルテーション

その後，校長，教頭，学年主任，C先生，SCで行う定例のケース検討会議の場で，この学級について説明する機会があった。

それぞれの教員は，相変わらず「B先生が問題」という枠組みで話をしていた。SCは現状の報告をした後，「いろんな課題があると思うのですが，B先生なりに自分で授業を工夫しようとしているところです。そこで，先生方のご意見をお聞きしたいのですが，先生方は，どのようにこのクラスが変われば，少しよくなったと思いますか？」と述べ，問題を具体的に設定できるように働きかけた。各教諭からは，「B先生が問題」という文脈の話がしばしば出た。しかし「取り組む課題を明確にする」ことを目的にSCが質問をし続けたところ，最終的には「授業の進め方を改善すること」が本学級への介入として重要だという結論に至った。

Ⅳ）教員全体の方向性の決定

　会議後，C先生とSCはB先生から現状について聞き取りを行うことにした。前回の面接で決まった「同級生から注意してもらう」ということをB先生は実践し，一部，成功していた。しかし，一時的に収まっても，すぐもとに戻ってしまうとB先生は困っていた。
　SCは，B先生の努力を肯定的に扱いながら，今後の対応をB先生，C先生とともに検討した。

B先生：なかなか3人組が言うことを聞かなくって……。
SC　　：なかなか大変ですよねえ……。今後のことなんですけど，先生としては「3人組をなんとかしたい」というお考えでお変わりないですか？
B先生：はい，そうですね。
SC　　：ですよね。ご存知の通り，今日ケース検討会議があったんですが，そこで先生のクラスについても話がされたんです。最終的には，「3人組の行動も含めて，授業をどうしていったらいいか」を明確に話し合う必要があるんじゃないかという

　　　　　ことになったんです。
　B先生：そうですねえ。そこを，どこから手をつけていったらいいか
　　　　　ですよねえ。
　SC　　：先生がうまくされてる部分もありますけど，どうしたらあの
　　　　　子たちが，今まで以上に授業のルールに乗りたいと思うのか，
　　　　　ですかね。たとえば，あの子たちが活躍できる場面とか，ヒー
　　　　　ロー扱いされるような場面ってありませんかね？
　B先生：んー，勉強もできないし，運動もそんな得意じゃないんです
　　　　　けどねえ。
　C先生：そういえば，昼休みによくサッカーしてるのを最近見かける
　　　　　けどなあ。

　C先生から，休み時間の3人組とのかかわりにおいて，サッカーで遊んでいる時は比較的言うことを聞くのではないかと意見が出された。B先生は，サッカーをうまく指導できる自信がないと拒否的な反応を示したが，C先生から「日常的な取り組みを見ていれば，どう考えてもできる！」と強い励ましがあった。

　B先生は大学時代にスポーツ経験があるため，身体の使い方もうまく，児童への教育場面においてうまく指導している，などとC先生はB先生の教育場面を具体的に挙げて褒め続けた。そこでSCが，「では，C先生と指導方法について相談しながら，B先生は指導を進めていったらどうですか？」と提案してみると，B先生は「C先生が指導方法を教えてくれるなら」という条件で，体育の時間に3人組への指導を試していくこととなった。

　今後は「体育の時間のサッカーで3人組がルールを守り，活躍できる状態を作る」ことが目標となった。そのためにC先生も「体育の時間の手伝いをする」ことになり，SCが校長ら管理職にその目標を伝えたところ，了承された。

V）B先生，クラス，サポートシステムの変化

　その後しばらくして，SCが現状について尋ねると，B先生は，C先生と相談しながら取り組んでいると話した。また，学級内でAくんが暴れた時に，B先生がAくんを取り押さえ，最終的にAくんに謝罪させたとのことであった。

　C先生は，「これまでやんちゃ3人組はB先生のことをまったく受け入れなかったのに，少しずつ受け入れるようになってきてますよ」と肯定的に評価していた。SCがそのことをB先生に伝えたところ，B先生は嬉しそうであった。

　またSCは，C先生がB先生をどのようにサポートしているのかについて尋ねた。すると，「これまではわからなかったですけど，B先生はB先生でいろいろ考えてるみたいですから，B先生の話を聞いたうえで，私なりの方法を伝えて，最終的には任せてるんです」と述べた。SCは，C先生がB先生の自主性をうまく引き出しながらサポートしているおかげでB先生もうまく対応することができているとコンプリメントした。

　その後，B先生は，学級内のルールである「周りの児童の邪魔をしない」「B先生の指示に従う」を仕切り直すことも行い，日常的にあるやんちゃ3人組のさまざまな要望に応えながらも，条件をつけることによる教育活動を積極的に行うようになった。さらには，やんちゃ3人組以外の対応にも積極的に取り組み，学級は落ち着いていった。

　授業参観を校長やSCと一緒に行ったところ，児童がしっかり授業を受けている様子がみられ，「どうして児童が授業を受けているのかわからない」と校長が述べるほど，学級の状況は改善していた。

　最終的には，授業中の児童の立ち歩きや悪口などがなくなり，授業状況が改善して，当学年を終えた。

4 考察

Ⅰ）職員室の主訴聞き取りとサポートシステムへのジョイニング

　SCはまず教員へのジョイニングを重視する。教員から情報収集をするが，「それじゃあ担任のB先生が可哀想でしょ！」などと説教はしない。この時，学校現場の先生方や関係者は，それぞれの立場や経験に従って問題を探し，解決しようとしている前向きな存在であると心から捉えることが，システムを見る立場のSCとしては有益な姿勢だろう。それぞれの考え方を「なるほど，先生はそのようにお考えなんですね」としっかり聞くが，全面的に賛成もしないし，否定もしない。まずは，中立性を守りながら，組織のコミュニケーションについて仮説を立てることが優先される(1)。

　情報収集では，管理職からは，担任に対して生徒が反抗的な態度を示し，担任が生徒をコントロールするのが難しい現状との報告であったが，担任からの報告では，生徒が担任の指示に従っているところも一部あった。現状の相互作用をどのように捉えているのかは，関係者それぞれの枠づけや分節化(2)次第で異なる。そのことを念頭に置いて情報収拾することが大切である。つまり，同じ事柄を見ても捉え方はさまざまであり，そのことについてどのように考えているのかという「枠組み」と，実際の行動の連鎖とを分けて情報収集しないことには，教員全員と関係を作るジョイニングも，その後の介入も難しくなるのである。

　本事例の場合，「担任が問題である」という共通見解があることで，担任が苦境に立たされていることは想像できた(4)。B先生としては対応しようとしているはずだが，学級崩壊という現状からして問題が停滞しており，コミュニケーションの相互作用の観点からは「問題を維持しているコミュニケーション」の状態である，と仮説を立てた。

Ⅱ）未来志向・外在化によるコンセンサスの構成

　ケース会議にて SC は，関係者のニーズを集約し，今後の対応のコンセンサスを作ることを目的として，「これから，今とは違って少しでもよくなるとしたら，どのような変化が起こったらよいと思いますか？」という未来志向の質問 (4) を行った。未来の質問をすることによって，関係者それぞれの考えが明らかになり，具体的な指針として「授業の進め方を改善すること」が決定した。「B 先生の人格の問題」として扱うのではなく，具体的に取り組むことが可能な課題に外在化して問題を設定することによって，関係者が問題に取り組みやすい状況となる。

　また，管理職の意見を集約した後，B 先生，C 先生，SC の 3 人で今後の対応を考えることになったが，「授業の進め方を改善すること」という管理職の意見を単に伝えるのではなく，B 先生の考えを先に聞き，その意見に合わせて，「3 人組の行動も含めて，授業をどうしていったらいいのか」を考えるようにした。このように，SC が単に関係者に情報を伝えるのではなく，それぞれの関係者の意向をもとに，それぞれが問題に対して前向きに取り組めるように調整することが必要である。

　そして，「3 人組が活躍できる場面をどのように作るのか」ということについて B 先生，C 先生，SC で話し合うなかで，C 先生が「休み時間のサッカー」という新しい観点を持ち込み，実際に頑張ってみることとなった。このことが管理職とも共有され，全体としての目標が明確になり，具体的に取り組んでいくことが可能になった。

　その後，C 先生が B 先生を肯定的に評価する場面が増えたのだが，これは先の 3 人での話し合いで，C 先生が積極的に関与した結果，B 先生をサポートするもう 1 つのシステムが形成され，B 先生のエンパワメントが維持されるようになったと考えられる。

　このように，それぞれの関係者から主訴を聞き取り，仮説を立てたうえで，関係者が前向きに問題に取り組めるようにコンセンサスを共有す

ることによって，関係者それぞれがエンパワーされていくと考える。

Ⅲ）B先生へのコンサルテーションによるエンパワメントと協働

　この事例では，当初，管理職が「B先生が問題」という枠組みで捉えていたため，B先生が困難な状況に陥っていることが予想された。そのため，この文脈を否定するかたちで，「B先生が受けもつ前から学級崩壊の予兆はあった」「B先生は赴任して間もないことから，対応は不可能」「B先生がすべての原因ではない」と示すことは，B先生とSCの協力関係を築くうえで重要だったと考える。

　この瞬間，管理職の思いとかけ離れ，B先生の思いに寄り添った対応をSCはしている。これはそこまでの情報収集時のような，「あなたはこう考えているんですね」というスタンスではなく，仮説に基づいた積極的な働きかけである。そのうえで，B先生がどのように取り組みたいのかを尋ねることによって，まずはB先生にエンパワメントを行っている。

　B先生とSCは今後の対応について話し合いを続け，「B先生が怒った後，子どもたちの静かな状態を持続させ，3人組がまた話を始めにくい雰囲気を作る」という枠組みでSCが問題を提示することで，新しい観点から次の対応方法を考え出そうとしている。このような新しい観点をSCとB先生が再構成し，共有することが，B先生のエンパワメントになりうる。B先生が「他の子ども，とくに女の子が3人組を注意すること」を対応方法として実行していったことはまさにそうである。この対応が実際の問題解決の一部に寄与したにすぎないように思えるかもしれないが，新しい観点をSCと話し合い，実際の行動としてはB先生の考えるコミュニケーション・パターンを作ることが，解決を構築していく入り口として重要だったと考える。

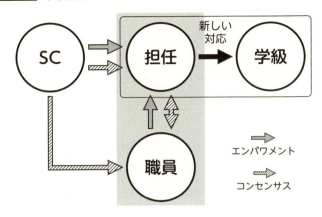

図6-1 学校臨床における SC のコンサルテーション・リエゾン

5 おわりに

　紹介した事例では，校長ら管理職が「担任のB先生が問題である」と考えることで，B先生の解決努力が認められない状態となっていたが，校長らの目標を明確にしたうえでB先生と相談することによって，B先生の解決努力をより肯定的な文脈に位置づけることができ，結果的にB先生はエンパワメントされたと考える。

　SCのコンサルテーションでは，担任の対応に対し助言・指導することもあるが，結果，担任が「やはり私が悪いんだ」と考えることにつながる危険がある。そうではなく，担任が問題に対して新しい視点から考えられるようになる問題の再構成をSCとともに行えるならば，その後の対応は担任がみずからの力で実行可能である。

　学校組織のコミュニケーションを調整することによるエンパワメントシステムを構成することと，担任自身をエンパワメントすることの両輪によって，学校臨床を支えるSCとしての役割を担うことができると筆者は考える（図6-1）。

システムMEMO

　学校で起こる問題はさまざまです。スクールカウンセラー（SC）のほとんどは非常勤職なので，1週間に1日あるいは2日の勤務であることが多いです。そのため，自分がいない時間にも機能するような適切な支援システムを作るのは，SCにとって大切な仕事だといえます。

　問題が発生すると，原因についてあれこれ話し合われることになります。システム・シンキングでは，相互作用の連鎖でその問題が起こっていると考えます。そのため，解決策はあれこれ思い浮かぶのですが，誰か一人だけが孤軍奮闘するような状況は避けたいところです。本事例のように，担任だけではなく管理職も含めて，同じ方向を向いた大きな流れを作り出したくても，問題に関する思いはみな違っているので案外難しく，SCの地道な取り組みが求められます。

　本事例の学級崩壊状態は，校長，教頭，C先生らによって「B先生が問題」とされており，SCが会議で聞き取った問題の枠組みは「プライドが高い」「適応力が低い」などさまざまでした。これらの枠組みができあがるまでには，おそらくB先生とその他の先生方との間にたくさんのやりとりがあったと思われます。初めは，先生方の役割意識や赴任間もないB先生への期待から一生懸命アドバイスを試みたのかもしれませんが，万策尽きて現在に至っているかもしれません。SCは問題の正誤を決める審判ではありませんので，「B先生が問題」という枠組みには乗らずに，そこに至った取り組みを労い，校長らの気持ちに寄り添った対応をしながらジョイニングをしています。

　そして，「B先生が問題」という問題への注目から，「どう

なりたいか」という未来志向の話題を展開します。ここでは，SCの話の聞き方や質問の仕方が，とても大事なポイントになるでしょう。SCの目的は解決のための目標設定ですから，下手に先生方の問題志向を変えようと試みると，B先生の味方ばかりしているように見えてしまうかもしれません。学級崩壊状態をなんとかしたいのはSCも同じです。先生方の発言のなかから解決に結びつくような枠組みをいかに広げるか，問題の枠組みを減らしていく態度で臨むことが大切だと思います。

　解決への取り組み方が決まってくると，学級崩壊状態に関する管理職を含めた支援システムができあがったようなものです。事例では，SCがC先生と一緒にB先生の話を聞くなかで，そのあたりのすり合わせを行い，目標設定をしています。ここでSCは，B先生とC先生の肯定的な相互作用を作り出し，支援のためのサブシステムを作りました。SCがいない日常のなかでも，B先生らのサブシステムがうまく動くようにしなければなりません。その後はC先生が，校長らの支援サブシステムにB先生を入れる流れを作り出してくれるでしょう。

　SCの仕事は，面前の相談やコンサルテーションだけでは成り立ちません。あちこち動きながら校内に自分も含めたサブシステムを作りつつ，大きな支援システムを作り出すことが大事ですね。

（赤津）

第7章

思いが交錯するシステムのなかで，私はどう振る舞う？
訪問看護の事例から

横田益美

1 はじめに

　医療費の増大や予測される多死社会といった社会の要請により，近年わが国の医療は病院から地域・在宅へと移行しつつある。その在宅医療の一翼を担うのが訪問看護である。

　訪問看護では，乳児から高齢者まで年齢を問わず，さまざまな健康問題をもちながら在宅療養する人々が対象となる。さらに看護を提供する形態においても，病院や施設とは大きく異なる特徴がある。看護を提供する場が療養者の生活の場であり，通常は看護師が一人で訪問すること，また，限られた滞在時間で効果的に支援を行うには家族や多くの専門職種との協働が不可欠であるということである。

　生活に密着しながら療養者の身体や心の問題にかかわる訪問看護師は，"家族の内情"に触れる機会が多い。また多くの看護職は基礎教育の段階で"患者中心"の考え方を学んでおり，療養者を思うあまり家族員の健康問題で揺れる家族に巻き込まれてしまうことも少なくない。さらに多職種の支援者たちも，それぞれの経験や専門性に拠って立つ価値観を携えて支援にあたる。そのため，かかわる職種や人数が多くなるほどに

相互作用はより複雑になっていくのである（以下，本章で紹介する事例は，個人の特定を避けるため，内容に影響しない範囲で事実を改変している）。

2 事例の概要

　訪問看護の対象者は，気管切開に伴う頻回の吸引や気管カニューレ管理，経管栄養などの医療ケアを常時必要とする状態のAちゃんである。Aちゃんは妊娠後期に異常を指摘され，出生後に多発奇形および重度の発達障害を伴う先天性障害と診断された。生後6ヵ月を過ぎて状態が落ち着いてきたため，在宅療養を開始することになった。家族構成は父親，母親，Aちゃんの3人家族で，それぞれの祖父母は市外に在住している。以下は母親から聞き取った内容である。
　両親はともに再婚であり，結婚後半年ほどでAちゃんを妊娠した。仕事が長続きせずアルバイトを転々としている父親の収入は不安定で，出産前は接客業の母親の収入のみで生活をしていた。しかしAちゃんの障害により母親は復職を断念せざるをえず，「子どもはいらない」という父親を押し切って妊娠したことから，出産後は母親の貯金を切り崩しながら生計を立てている。

3 かかわりの経過

1）「横暴でわがままな父親」がいる家族へのジョイニング

　近年は，患者（児）が退院後も継続して在宅医療を必要とする場合，退院前に医療機関と在宅医療にかかわる支援者との合同カンファレンスが開催されることが増えている。Aちゃんの退院にあたっても，母親，

病院関係者，地域・在宅医療関係者として2ヵ所の訪問看護ステーションの担当看護師4名（そのうち筆者を以下「Y看護師」，筆者とは別事業所の主担当看護師を「Z看護師」と表記する），地区担当保健師らがカンファレンスに参加し，情報の共有や退院後の協力体制についての話し合いが行われた。

　通常通りの話し合いが終了後，病棟看護師から，母親抜きで話したいと訪問看護師全員に声がかかった。そこでは，「父親は面会にくるといつも不機嫌で，看護師を呼んでクレームを言う」「母親も，横暴でわがままな父親には困っている」など，対応困難な父親についての申し送りがされ，その場はたちまち「大変な事例を担当することになった」と色めき立った。しかし，父親による病棟看護師へのクレーム内容を具体的に尋ねると，そこには母親が父親に伝えない限り父親が知りえない事柄が含まれており，『母親が父親に病棟看護師についての不満を言う→父親が病棟看護師にクレームを言う』という連鎖が起きていたことが推察された。そのため，申し送りの内容は事実そのものというより，クレームの矢面に立った病棟看護師の苦労を多分に反映したものとY看護師は解釈した。

　しかし，そこまで理解していたにもかかわらず，初回訪問時のジョイニングはうまくいかなかった。Y看護師は出迎えた母親に挨拶をして家にあがり，続いて朝食中の父親に「お食事中に失礼します」と声をかけた。父親は不機嫌な顔つきながらも小さく会釈を返した。そこで「Aちゃんが帰ってきて，いかがですか」と質問すると，父親は「はあ，誰のことですか!?　余計なこと言わないで，さっさとAを看てくださいよ！」と声を荒らげた。Y看護師は「そうでしたね，まずはAちゃんが大事ですね」と場をとりなそうとしたが，すぐさま母親が「失礼でしょ」と父親をたしなめたことで両親の言い争いが始まってしまった。父親はその後，乱暴に支度をして家を出ていき，母親は「本当はもっと早く出かける予定だったのに，すみません」とY看護師に何度も謝った。Aちゃんに関する家族の対外的窓口が母親であることは明らかであり，Aちゃ

んのことはまず,母親に尋ねるべきであった。Y看護師は父親に対して構えすぎてしまい,役割に合わせる等々,ジョイニングの基本が抜け落ちてしまったことを反省した。

そこで2回目以降はそうした役割を意識し,さらに母親の「父親に失礼なことを言わせないで」というメッセージに応えるように,父親在宅時は以下のように振る舞った。①普通に挨拶をし,「お疲れのところ,お騒がせします」と看護師はお邪魔させてもらう立場であると示す,②Aちゃんに関することは母親とやりとりをする,③「今日はパパと一緒でいいね」などとAちゃんに話しかけ,"父親が役割を果たしていることを認識している"というメッセージを間接的に父親に送る（医療関係者に対して威圧的な態度をとることで,父親としての役割を果たそうとしているのではないかと考えたため）,である。すると,その後の訪問では父親が怒り出すことはなく,むしろ「お世話になっています」などと父親からの発話が次第に増えていった。母親は父親の在宅が予想される時は訪問看護をキャンセルするなど,父親,看護師の双方に対して過剰なほどに気を遣っていたが,こうした父親の変化に伴いY看護師の訪問キャンセルはなくなった。

Ⅱ）喧嘩が絶えない夫婦のコミュニケーション

かかわり始めから2ヵ月が過ぎたころ,訪問中に母親から次のような相談が聞かれた。父親が「Aなんか死ねばいい」「Aを施設に入れる」などと言うので,毎日喧嘩ばかりでとてもつらいというのである。そこで,父親がひどい言葉をどのような文脈で発するのか,二人のコミュニケーションを確認したいと考え,母親に質問をした。以下にその時の逐語録を示す。

母親　　：（涙を流しながら）私が悪いんだと思うんですけど。でもAの前で言うのはやめてほしいんです。

Y看護師：そうだね，たしかにひどい言い方だね．それにしても，何でパパはそんなこと言っちゃうんだろう？　毎日喧嘩って，昨日は何がきっかけだったの？

母親　　：（涙は止まっており，少し考えてから）パパがAに意地悪してたんです．

Y看護師：意地悪するの？　意地悪って，どんな？

母親　　：Aを無理やり嫌いなほうに向かせようとしたり，無理に足を曲げたり．Aも泣いちゃって．

Y看護師：あら，それはかわいそうに．

母親　　：ですよね!?　だから「やめなよ」って言ったんです．

Y看護師：うんうん．そしたらパパは何て？

母親　　：「おまえがやらないから，俺がリハビリしてるんだ」って逆ギレして，「だから俺は子どもはいらないって言ったんだよ．全部おまえのせいだ！」って．

Y看護師：ああ，ここでそれを出しちゃうんだ．それはつらいね．そうはいっても，子どもは一人じゃつくれないのにね．

母親　　：そうなんですよ！　で，私もワーッとなって，「ろくに金も稼げないくせに，偉そうなこと言うな！」って，フライパンで殴ったんです．

Y看護師：ええー，ママが!?

母親　　：「おまえなんか，離婚してやるー！」って（笑）．

Y看護師：あらあ……．で，パパはどうやって応戦するの？

母親　　：モノとか投げてきて．それで，さっきの．

Y看護師：さっきの，施設に入れる話？

母親　　：そうです．

Y看護師：で，その喧嘩はどこで終わるの？

このように質問を続けたところ，夫婦喧嘩の始まりはAちゃんに対

する父親の態度を母親が注意することで，そこから互いを「おまえが悪い」と罵り合い，緊張が高まると母親が暴力を振るう。すると父親が"Aちゃんをなしにする話"を持ち出して母親を黙らせ，最終的には母親が出ていった父親に謝ることで喧嘩が終わるというパターンが確認できた。

　母親に今後どうしたいかを確認すると，「喧嘩は疲れるからしたくない」，そのためには「もっと私が我慢すればいい」と話した。そこで夫婦の喧嘩のパターンを変えることを意図して，「父親がAちゃんにかかわっている時は見て見ぬふりをして，父親に注意することを我慢するのはどうか」と，我慢を増やすのではなく我慢のポイントを決めることを提案した。さらに，父親が選ぶ玩具はAちゃんに適したものばかりであるなど，父親の放つ許しがたい言葉のすべてが本心とは思えないこと，父親にとってもAちゃんの障害はつらいことであろうと思われることを伝えて，母親の取り組みを後押しした。

　このやりとりから1週間後，母親から「あれから喧嘩をしていない」と報告があった。それから間もなく父親が多忙で不在の日が多くなると，母親の主な訴えはAちゃんのケアが抜けてしまうことや，異常に気づけないかもしれないといった父親不在の生活への不安になり，加えて父親の働きすぎについての心配も聞かれた。しかし父親が暇になると，母親の訴えは父親への不満となり，頻度は少ないものの夫婦喧嘩が再燃したことから，夫婦の共有時間の長さが母親の父親に対する直接的な干渉と関連していると考えられた。そこで，父親が在宅時は母親が外出するなどして夫婦の共有時間を少なくすることを母親に提案する一方，母親がAちゃんへのケアに自信をもつことができるよう支援した。

4　父親によるDV・虐待問題

　在宅生活開始から1年余り経過し，離婚騒動なども時々ありながら，

それなりに生活は安定し，Aちゃんにも徐々に子どもらしさがみられてきた頃である。父親がアルバイト先の上司と喧嘩をして無収入になり，時期を同じくしてAちゃんの身体には皮下出血痕がみられるようになった。母親は「たぶんパパがAと身体を動かして遊んでいる時についたもの」と気にとめる様子もなかったため，Y看護師は様子を見ることにした。しかしその数週間後，Aちゃんの皮下出血痕は急に増加し，同時に夫婦喧嘩の激しさが増した。ついには父親が母親に怪我をさせるという事態が起き，虐待対応会議の開催について，Y看護婦のもとに福祉事務所から連絡が入った。

　会議の参加者は福祉事務所職員，地区担当保健師とその上司である係長保健師，Y看護師，Z看護師とそれぞれの上司であった。病院サイドとは都合が合わず，福祉事務所職員から事前に主治医らに聞き取りが行われていた。会議開催の発端は，Z看護師による虐待通報であった。会議は「父親は感情コントロールができず，関係者に対しても威圧的である。Aちゃんも母親も怯えており，父親に注意するように何度も（母親に）言っているが変わらない」というZ看護師の話を中心に進行し，開始から1時間が経過した頃に，ようやくY看護師に発言権が回ってきた。

福祉事務所職員：そちら（Y看護師所属）のステーションで，他に付け足す情報はありますか？　ここでは隠しごとはしないですべて話してください。
Y看護師：はい。Aちゃんの皮下出血を発見した時期などの事実については，Z看護師さんの話された通りです。ただし，父親の印象と母親から聞いている話の内容の認識は違う点があります。長くなりますがいいですか？（全体を見まわす）たしかに父親は未熟な人だと思います。でも……。（父親がY看護師には挨拶をすること，訪問時の発話内容，Aちゃんの体調判断は的確で，発達促進に熱心であるなどのエピソードを説明）

係長保健師：なるほど。主治医の先生も同じようなことを言っていたようですね。

Y看護師：そうですか。父親も先生とはお話しされているようです。それで、母親への暴力の件です。ご存知のことと思いますが、あのお家は夫婦喧嘩が絶えず、今回のことも含めて先に手を出すのは母親と聞いています。（行政関係者が驚くのを確認）しかも、母親は父親のコンプレックスを刺激するような、見た目からは想像できないような言葉を発することがあるようです。たとえば……。（具体例を提示）父親の暴力を正当化するつもりはありませんが、一方的に暴力を振るっているわけではないという事実はご理解いただいたほうがよいかと思います。また、父親のAちゃんへの接し方を母親が注意することがきっかけで喧嘩になることが多いと聞いていたので、私はこれまで「注意を我慢するように」と母親にアドバイスしてきました。「ずっと落ち着いていたのに今回はなんで？」と思っていたんです。（Z看護師の母親へのアドバイスと対立しかねない経過報告のため、Z看護師に注意を払いながら全体を見回す）

Z看護師：父親が仕事辞めちゃったからね。

Y看護師：そうですね、母親は経済的なことへの不安も強いですよね。もともと父親からお金は入れてもらっていないみたいですけどね。その不安なんですが、母親は親友から「あなたは依存傾向がある」と言われているそうです。（母親が数年前から内科で継続処方されている抗不安薬を使用していること、ギャンブル依存の前夫との離婚の経緯を説明）

係長保健師：あらあ、それは重症だわ。完全にイネイブリング、母親のほうだね。

Y看護師：やっぱりそうですか？　私は専門家ではないので、相談

の素地が作れたら保健師さんに，と思っていたところです．

この後，母親へのカウンセリングの必要性が検討され，医療機関の紹介や連携は保健師が責任をもつ，保健師への相談を母親に促すのはY看護師が担当する，そして母親に対して父親への干渉を促すような助言はしないことを全員で共有し，会議は終了した．

5　一人ずつになる（別居から離婚へ）

　会議後まもなく，いつものように夫婦喧嘩の末に父親が出ていったが，母親が頑として謝らなかったことから，両親はそのまま別居状態になった．しかしその1週間後には，訪問時に母親から「私が何をどう直せば，うまくいくのか」との相談があった．そこでY看護師は自分の両手を"恋人つなぎ"して掲げながら，「右手のママと左手のパパは，こんなふうにグチャッとなって，どの指があなたでどれが私かわからなくなっている．だから自分のことのように相手が気になるし，相手にも自分と同じであることを期待してしまう．悪いのはどちらかではなく，この関係．このままでは，どちらもつらいと思う．だから一人ひとりになれるまで，それぞれに修業を積むのがいい」と伝えた．母親は「依存症ってことですか」と聞いてきたが，「依存が得意なら，ちょこちょこ依存できる先，相談先や甘える先を増やせばいいのよ」と答えると，「なるほど，修業ですね」とすっきりした様子でつぶやいた．

　それから数ヵ月後，両親は正式に離婚した．その後，母親は抗不安薬離脱の目的で保健師から紹介された医療機関を受診．そして低料金でカウンセリングが受けられる施設に通い始め，半年後には服薬なしで過ごせるようになった．離婚後も父親の出入りはあるようだったが，「復縁

は絶対にない」という母親の言葉通り二度と同居することはなく，Aちゃんの通園開始に伴う転居により訪問看護事業所も変更となった。

6　考察

　誕生した子どもが健常であっても，家族が夫婦の二者関係から子どもを含む三者関係へと移行する際は発達的な危機に陥りやすいといわれる。また，生まれた子どもの障害は，家族全体に複雑な喪失をもたらし，状況への対処に混乱することが少なくない。さらに，医療ケアが必要な子どもとの生活には生命にかかわる緊張感が常に存在し，その困難さは通常の子育てとは比べものにならない。

　このような家族を支援するにあたって，筆者が最も大切にしていることは，まず「この人になら弱みを見せてもいいかな」と家族が思える存在になることである。そのためには，訪問そのものが家族の負担にならないことが大前提であり，ジョイニングはとても重要である。

　Aちゃん宅への初回訪問では，家族内の役割や訪問看護への認識を意識することが抜け落ちてしまったために，夫婦喧嘩のスイッチを入れることになってしまった。幸いにも立て直しを図ることができたのは，目の前の出来事を筆者自身も含めた相互作用の視点でアセスメントしたこと，それにより家族，とりわけ父親に陰性感情を抱かなかったことによると考えている。ジョイニングにあたっては，家族に仲間外れを作ったり，不要な緊張感を持ち込んだりしてはいけない。筆者の訪問について，父親在宅時もキャンセルがなくなったのは，家族のなかにいることの許しを得られたのだと受け止めている。

　また，Aちゃんの母親は「父親が悪い」という内容の話をしながら，常に「悪いのは自分（母親）」という言葉を口にしていた。そのため筆者は，母親の話の内容に部分的には同調しても，「二人とも悪くない」という

姿勢を徹底して貫いた。それが，母親からの筆者への要請だと受け取ったからである。筆者が父親を擁護する発言をすると，母親は安心したような表情を浮かべることがたびたびあった。「この人はわかってくれる」と感じた時に，人は安心して混沌とした心の内を打ち明け，またその人の提案を受け入れることができるのではないかと考えている。

　他方で，それぞれの専門職がどのような職業的価値観をもっていて，家族をどのように捉えてかかわっているのか，といった支援システム全体を見渡すことも重要と考えている。療養者を含む家族の状況が悪化していると感じる時は，システム内の悪循環が家族の対処を妨げていると疑う必要がある。Z看護師は小児領域のエキスパートであり，子どものケアに熱心で，多くの母親たちから頼りにされている。小児看護学では母子の愛着関係を軸に子どもの健康的な発達を促すことを重視し，父親は母子をサポートする役割と認識されることが多い。こうした専門的視点を携えたZ看護師には，役割を果たさないばかりか子どもを傷つける父親は許しがたく，同時にそれを容認しているように見えた母親も指導が必要な存在として映っていたと推察された。

　本事例の虐待対応会議では，支援者の前述のような強い感情と対峙すること，さらに会議の場は「筆者vsその他の出席者」という構造であることを覚悟して臨む必要があった。そこで，まずはZ看護師に思いのたけをすべて語りつくしてもらうこと，そのうえでZ看護師からは語られていない事実を提示することで，支援者が対応すべき問題は"加害者である父親"ではなく，"夫婦の共依存関係"であるとリフレーミングすることを考えた。"共依存"というフレームも決して好ましいものではないが，「父親が問題である」とする信念に近い認識により，家族の対処を妨げる支援になっている状況を変えるには，「問題はあるが父親だけではない」に変更するのが，筆者の実力では精一杯だったのである。両親はその後離婚に至ったが，母親がAちゃんの養育を通して自信を回復していったこと，また父親も自立したうえでAちゃんを気

にかけているという点において，このフレームの変更も意味があったのではないかと考えている。

7 おわりに

　筆者はかつて，本事例の虐待対応会議とほぼ同様のシチュエーションで手痛い思いをした経験がある。他の支援者と真っ向から対決する意見を述べたことで，筆者は"家族に巻き込まれた訪問看護師"としてその後の連携から遠ざけられ，家族は関係者の枠組み通りの"困難家族"を極めていったのである。このことは長い間「自分の力不足」と心に引っかかっていたが，システムズアプローチを学ぶことで，筆者に足りなかったものは"正義は人それぞれ"という認識であったと気づき，とても気持ちが救われたことを覚えている。

　とはいえ，"ジョイニングと巻き込まれの違い""自分を含む支援者をアセスメントしながら面接を行う"など，システムズアプローチを理屈では理解しても，実践するとなると難しいことばかりである。本章の事例でも，突然訪れた直接介入のチャンスに身動きがとれなくなるなどの反省点も数々あり，まだまだ到達点は見えてもいない。そのため，今後もこのように"細やかでもできたこと"を振り返り，さらに家族が立ち上がっていく姿に力をもらいながら訓練を積み重ねていきたいと考えている。

システム MEMO

　リフレーミングにはさまざまなバリエーションがあります。意味づけがポジティヴもしくはネガティヴに変わることだけがリフレーミングとは限りません(1)。本事例では，「問題はあるが父親だけではない」というように，問題についてのフレームが変わっています。他に，原因や解決像の定義が変わることもリフレーミングといえます。

　本事例におけるリフレーミング，すなわち「母親も要支援者である」という見解が会議参加者に理解されるためには，それなりの手順が必要で，会議の冒頭からY看護師がそうした自己主張をしていたら，「そうはいっても，父親による虐待・DVが問題」などと他の関係者に一蹴されていたかもしれません。世間でしばしば見受けられる，会議の力学です。グレーゾーンのケースであればあるほど，タイミングを見計う必要があるでしょう。

　実際，多勢に無勢のY看護師は，まずは控え目に会議に臨み，母親ではなく父親の印象を述べることから始め，次に夫婦間暴力の双方向性について言及します。関係者の驚きを得た後，すなわち父親のみを問題視する関係者のフレームにやや揺らぎが出てきたことを確認したうえで，「父親に注意せよ」と母親に助言していたZ看護師とは真逆の，「父親への注意を停止せよ」とのアドバイスをY看護師から母親にしていた経過を示しました。それに対してZ看護師が「(父親は)仕事辞めちゃったからね」と述べることで，父親を問題視する流れに戻りかけます。しかし，Y看護師はZ看護師の見解に乗らずに母親の問題へと話題を再度戻し，そしてついに母親の依存性を持ち出し

た。ここはY看護師とZ看護師のパワーゲームになりかねない局面です。しかし，係長保健師が「(母親は)重症だわ」と述べ，母親支援に前向きになった瞬間，Y看護師は「私は専門家ではない」とダウン・ポジションへとスッと移行し，決定を係長保健師に委ね，Z看護師とのコミュニケーションが対称的にエスカレートしないよう身を引いた。この一つひとつのプロセスの総合が「リフレーミング」なのです。タイミングとはきわめて曖昧な概念ですが，上記のようにシステムズアプローチの視点から，参与しつつリアルタイムでコミュニケーション分析ができると，何かを言おうとする時，タイミングを推し測るのが上手になります。

　本リフレーミングのプロセスで，「手を先に出すのは母親」という事象をY看護師が提示できたことは，関係者の認識が変わるうえで重要な役割を果たしていたようです。なぜ提示できたのか？　それは母親から事前にその情報を引き出していたからです。母親の言うところの「父親がひどい言葉を発する」状況とは，どのような事象の連なりによって構成されているのか，つまりどのようにパンクチュエートされているのかにY看護師は関心を寄せました。このように，コミュニケーションのパンクチュエーションという視点をもっていなければ，リフレーミングの達成は難しかったことでしょう。

　ではなぜ母親はそのような話をY看護師にできたのか？　それは，ジョイニングが奏功し「この人になら弱みを見せてもいいかな」と母親が思ったからかもしれません。ジョイニングがうまくなるためには，関係者それぞれの立場や事情に目を向けることが重要です。母親は父親を問題視しているが，問題と

はいえない部分もある．病棟看護師は父親を問題視しているが，それはクレームの矢面に立ったことの苦労を反映したものだ．Z看護師は父親に陰性感情を抱いているようだが，それは自身が小児看護学のエキスパートであり子どものケアを重視したことの表れである．それぞれの立場におけるそれぞれの認識があり，どの認識にもそのような認識に至るまでの相応の事情がある．その成立経緯に対して想像力を働かせる．そうすることで，関係者に固有の認識を，差し当たって，と同時にしっかりと肯定することができ，そこから密接な関係形成が可能になっていくのです．

　そう，誰も悪者にしないセラピーがシステムズアプローチでした．それができるようになるためには，支援者自身の物事に対する認識の仕方を点検し続ける必要があるでしょう．正義は人それぞれという認識を徹底できているY看護師は，その意味で，立派なシステムズアプローチの実践者といえるでしょう．

（田中）

第8章 意向を表出できない本人と家族の支援で感じた困難
システムズアプローチを「知る前」と「知ってから」

濱田美由貴＋安江高子

1 介護支援の難しさとシステムズアプローチ

　介護支援専門員（ケアマネジャー，以下CM）とは，2000年の介護保険法施行と同時にできた比較的新しい資格である。法施行前の検討では，介護サービスにおいては関係する職種が多岐にわたり，各々の所属組織も異なることから，関係者間の連携が不十分になることが懸念された。そのためケアマネジメントの考え方が採用され，本人・家族・ケア担当者と一緒に「ケアプラン」を作成する立場として，CMという資格が作られた。
　CMの業務の基本としては，①利用者本位の相談・援助，②総合的なサービス提供のための多職種協働・連携，③社会保障サービスの適正な利用のための給付管理となっている。ケアプランを作成してサービスを調整することは，新人でも半年もすれば難なくこなせるようになるが，やりにくさや困難を感じやすい業務として，本人と家族の間に意向の相違や葛藤がある場合の調整や，支援者が思う適切な支援を利用者側が受け入れない場合の対処などがある。
　CMは国家資格ではなく，前職の国家資格での経験年数から受験資格が得られる。筆者（筆頭著者，以下同）は介護福祉士として病院で介護職

や在宅ヘルパーなどを経験した後，CMになった。相談業務の経験がないままであったため，介護保険のサービスや役所の施策サービスに利用者をつなぐのが精一杯で，上記の困難を日々ひしひしと感じていた。

CMとして中堅になり，新人の育成などを行いながらも，筆者は，利用者本人－家族間の意向の違いの調整に戸惑ったり，家族の考え方をCMが受け入れられずに対立しクレームを受けたりなどするなかで，「うまくいかない」という思いを強く抱くようになっていた。なんとかしなければと，研修を受けたり専門書を読んだりして試行錯誤するなか，「面接上手になる方法」のサブタイトルに惹かれて購入した東豊著『セラピスト誕生』が，システムズアプローチを知るきっかけとなった。当初は「面白くて簡単そう」という気軽な理由から興味をもったが，次第に他の関連書籍にもあたり，システムズアプローチの研修を継続的に受講するようになっていった。「カウンセリングをするわけではないけれど，これを理解できれば仕事で感じている困難に何か役立つかもしれない」と，そんなふうに感じていた。

以下本章では，筆者がシステムズアプローチを学ぶことと並行して，かかわっていた事例を示す。事例において筆者が感じていた3つの「困難」を具体的に挙げ，それらがシステムズアプローチを「知る前」と「知ってから」でどのように変化したかについて述べる（プライバシー保護のため，事例の詳細には適宜変更を加えている）。

2 事例の概要

I）支援対象者

本人（80代男性）：アルツハイマー型認知症。発語は，周囲からの声かけに「はい」と返事をする程度。

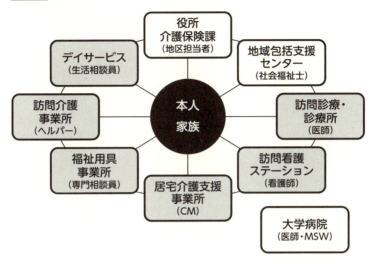

図 8-1 事例の関係者

長女（60代）：三人姉妹だが妹たちとは交流がない。自分を含め家族のことは個人情報として話そうとしない。平日はパート勤務をしている。介護の仕方などについて支援者への指示が細かく，室内には長女からの指示を書いた貼り紙も多い。気になったことや支援に対する要望，お礼，苦情など，思い立つと時を選ばずCMに電話し，息継ぎの間もない勢いで話す。支援者の対応に不備があると，支援者の所属機関の本部や役所に苦情申し立てをすることもある。

Ⅱ）関係者

事例の関係者を図 8-1 に示す。訪問看護ステーション（看護師），訪問診療の診療所（医師），訪問介護事業所（ヘルパー），福祉用具事業所（専門相談員），デイサービス（生活相談員）は本人への直接的な支援を行う担当者で

あり，CMがケアプランに位置づける支援者である。大学病院（医師，医療ソーシャルワーカー）は，本人の身体状況悪化による入院の際に関係が発生する。

3 事例の経過

Ⅰ）支援開始～2年9ヵ月

　本人は長女の介助で食事や歩行をしていたが，長女がスプーンを無理やり口に押し込んだり，喉や口もとを刺激するようにつかんだりするため，痣や引っかき傷ができていた。トイレに行く時は長女が後ろから抱えて移動するため，あちこちぶつけて痣ができ，パンツの上げ下げで引っかき傷も絶えなかった。虐待ケースとみなされ，地域包括支援センターや役所担当者を含めた定期的な会議が行われていた。デイサービス利用時にスタッフが全身状態を確認していたが，毎回新しい傷ができては消える状態だった。CMの毎月の訪問で，これ以上傷ができないよう，本人の状態に合った介助方法を提案しても，長女は受け入れなかった。長女なりに栄養状態に配慮して献立を工夫していたが，むせ込みやすくなった本人に刺身や肉など咀嚼・嚥下しづらい食材を用意していた。食事介助のヘルパーは嫌がる本人に無理に食べさせることができず，そのことが長女の不満につながっていた。

Ⅱ）支援開始後2年10ヵ月～3年10ヵ月

　やがて本人は肺炎で大学病院に入院。食事摂取については大学病院担当医に「飲み込み不可」と診断されたが，長女は「検査の仕方に問題がある」として認めなかった。長女の対応を心配した大学病院の医療ソー

シャルワーカー（以下MSW）の提案で，退院後から訪問診療の利用が開始となった。

訪問診療医師の判断で，食事は長女の強い意向を考慮し，無理のない範囲で経口摂取していくことになった。長女は柔らかく煮た野菜や豆腐などを献立に取り入れていたが，摂食状況は改善しなかった。長女の強引な食事介助で，顔や首周りに痣傷が増えるようになった。見かねた訪問診療医が娘に直接「これは虐待だ」と伝えたが，長女は憤慨し否定。訪問診療医からCMに「親子を離して生活させるべきだ」と意見があった。役所の要請で関係者会議が開かれたが，「本人保護には至らない」と判断され，長女との同居は続いた。役所の地区担当者から長女に，長女の行為は虐待にあたることを説明する機会を設け，事態の改善を試みたが，長女は「個人情報が漏れている」と批判し，かえって役所や地域包括支援センターの関与を拒否するようになった。

Ⅲ）支援開始後3年11ヵ月〜

その後，本人は嚥下困難となり胃ろうを増設。吸引や在宅酸素療法も必要となり，寝たきりの状態となった。この頃にはデイサービスの利用も中止となっていた。大学病院担当医，訪問診療医ともに，自宅での緩和ケアを勧めたが，長女は「本人は元気な頃に『1日でも長生きしたい』と話していた。検査や治療をせずに死ぬのを待つだけになるのは困る」と，大学病院での検査や治療継続を主張した。食事や歩行の介助が不要となったため，本人に痣や傷ができることはなくなったが，誤嚥性肺炎で入退院を繰り返し，本人に負担がかかる状態が続いた。長女も日々の介護で体調を崩しているようだったが，確認しても「いろいろ検査している」と曖昧な返答で教えてもらえず，介護者の状態把握も困難だった。

4　CMにとっての3つの「困難」とその変化

Ⅰ）困難① 娘からの頻繁な連絡や要求

■ システムズアプローチを「知る前」

　長女からは，支援へのさまざまな要求や，本人の体調の変化，ヘルパーへの苦情などについて，CMに頻繁に電話があった。言いたいことを一方的に話されるので，電話を切ってからげんなりすることも多かった。介護ベッドの利用など，本人の状態に合いそうな支援策をCMが提案しても，「忙しい」といった理由で受け入れてもらえず，徒労感を抱いた。振り返ると，CMは長女のことを「無理な要望をしてくる困った人」と捉え，電話でも面談でも，ぞんざいな態度で受け答えしていたと思われる。CMの対応について長女からクレームを受けることもあり，CMは力量不足を感じ，萎縮してしまっていた。

■ システムズアプローチを「知ってから」

　名づけて「コール&レスポンス作戦」。長女は気になることがあると，営業時間内かどうかはおかまいなしに電話をかけてくることが多かった。また，CMや各支援者からの連絡に対しては，忘れることなくまめに折り返しがあった。これらのことからCMは，長女は非常に律儀かつ即時的な感覚で支援者たちへの電話連絡をしていると考えた。しかし，営業時間外の長女からの連絡は留守番電話に転送されてしまうため，電話があったことについて転送先の担当者からCMに連絡が入るまで，タイムラグが生じてしまうことが多かった。CMは長女のペースにもっと合わせられないかと考えた結果，営業時間外の留守電転送先の担当者にお願いし，その都度メッセージをCM宛てに再転送してもらい，すぐ翌日に長女に返信するようにした。また，長女の要望に関する進捗状

況などについて，CM のほうから積極的に長女に連絡して伝え，長女が不在の折にも留守番電話にメッセージを残すようにした。

　また，CM は発話のテンポについても，長女に合わせるよう心がけた。面談でも電話でも，「ジョイニング」と自分に言い聞かせて臨んだ。早口の長女が話している時には，細かくうなずき，合いの手を入れるようにした。長女と文字通り「息が合う」ようになり，長女の息継ぎのタイミングに呼応してCM が言葉をはさみやすくなっていった。一方的に言われるばかりでなく，CM も聞きたいことを質問できるため，CM には精神的な余裕が生まれた。長女の一見無理な要望や苦情についてもすぐに退けてしまうのではなく，長女が事態をどのように捉え，何を優先したいと考えているのか，よく確認するようになった。そのため，長女が受け入れやすい提案の仕方やタイミングを考慮できるようになった。

　次第に，長女とCM が笑い合って話すことが多くなり，電話を隣で聞いていたCM の同僚に「最近仲良しですね」などと言われるようになった。かつては介護上の問題が発生すると，関係機関にみずから連絡しては苦情を申し立て，関係をこじらせていた長女だったが，「くわしくはCM に聞いてください，よくわかっているから」と言って対応をCM に任せることも増えた。関係機関とCM とが連絡を取り合うことが増え，情報交換や長女にとっての適切な対応の検討が促進された。CM としても「長女から信頼されている」と感じ，長女に対してより肯定的な態度で接することができる良循環が生じた。

Ⅱ）困難② 長女－ヘルパー－CM の関係性

■ システムズアプローチを「知る前」

　長女からヘルパーには，こと細かいさまざまな要求（食べさせるおかずの順番や連絡ノートの記載方法，掛物の調整等々）が日常的に生じており，長女はCM にたびたび訴えていた。CM はヘルパーに長女の要求を逐一伝え

るものの，ヘルパーにとっては要求のすべてに応じることは困難だった。また，ヘルパーからも環境整備（掃除や片づけ），介護ベッドの導入，食事の形態や介助方法の変更など，ヘルパーの立場から必要と思われる支援の提案があったが，それを CM から長女に伝えても拒否された。関係者会議の際，ヘルパーが CM に「必要な支援を受け入れてもらえるよう説得するのがケアマネの力量だ」と主張することもあった。CM としては「提案しても長女が受け入れないのだから，仕方ないじゃない」と，ヘルパーに反発を覚えた。実際にヘルパーと言い合いになることもあり，関係がよいとはいえなかった。CM にヘルパー経験があり，その大変さが十分わかるだけに，早く現状を変えなければと焦っていたが，長女にもヘルパーにも提案を受け入れてもらえない板挟みの状態をどうしていけばよいのかわからず，非常にやりにくさを感じていた。

■ システムズアプローチを「知ってから」

名づけて「その時その時ジョイニング作戦」。CM は長女とヘルパーの間でそれぞれの主張を調整しようとするのをやめ，目の前の相手の主張を全力で肯定するよう心がけた。たとえば長女には「お父さんの体調に合わせて，対応や負担のない環境を日々考えて工夫しているんですね」と，長女の意図を推測して言語化し，肯定した。また，ヘルパーには「環境が整っていないなかでの細かい要望でも，長女の意図をすぐ汲み取って，ヘルパー間で情報共有もしてもらえるから，すごく助かっています。○○さんだからできることだと思う」と，苦労を労い感謝を伝えた。CM が「状況を変えなければならない」と焦らなくなり，どちらにもほどよく肩入れして話ができるようになった。

また，関係者会議で発言力のある看護師から「本人の栄養状態は良好。長女の介助方法に無理はあるが，本人の体調維持につながっている」と報告があったことも，長女－ヘルパー－ CM の関係改善のチャンスとなった。看護師の見解にヘルパーも納得していることを見て取った

CMは，ヘルパーに「長女も体調不安のあるなか，1人で介護と仕事を担い，『1日でも長生きしたい』と言う本人の意向に沿うよう工夫して頑張っている。やり切ってもらいましょう」と，長女のフレームを翻訳して伝えた。次第にヘルパーは，「長女は自分への苦情を申し立てているわけではなく，対応に工夫が必要な相手なのだ」と認識するようになり，長女の言動や介護環境を問題視することもなくなった。長女も，ヘルパーや看護師が忘れ物をしたり，派遣漏れなどのミスが発生したりしても，CMが事情を説明すると納得し，以前のように所属機関の本部に連絡することはなくなった。

Ⅲ）困難③ 本人の状態悪化に伴う娘の要求増加

■ システムズアプローチを「知る前」

本人は入退院を繰り返して徐々に身体機能が低下していき，体調不良も続いた。訪問診療医をはじめ，支援スタッフが緩和ケアを勧める状態だったが，長女は積極的治療の継続を希望し，支援者への要求も増えた。長女はとくに，本人の状態悪化時の病院搬送を強く希望していた。しかし，長女が不在で連絡がつかない場合など，すみやかな搬送が困難となる可能性が考えられたため，CMとしては長女の要求にそのまま応じてよいものか迷われ，対応に苦慮していた。また，病院搬送が遅れ，万が一本人が心停止した場合に，支援者側の落ち度として長女から責められるリスクも考えられ，CMは不安を感じていた。

■ システムズアプローチを「知ってから」

名づけて「支援システムの範囲再考作戦」。当初CMは，ケアプランに位置づけている支援者（訪問診療医師，訪問看護師，ヘルパー，福祉用具相談員）のみが支援チームメンバーで，入院先のMSWは入退院時に限った連携先と考えていた。システムズアプローチを学び始めたCMは，これま

でMSWを除いたかたちで「支援システム」を想定していたことに気づき，現状においては「支援システム」に含むべきシステムの範囲の再考が必要かもしれないと考えた。本人の入院時，長女は担当医の対応や方針に納得がいかず憤慨することが多かったが，その都度MSWに相談していたことから，信頼関係が築かれていると思われた。そこで，MSWも本人と長女に影響を与えうる関係者として，支援システムの範囲に含んで考慮すべきであり，それに合わせてCMの動き方も修正すべきだと考えた。従来，MSWとのやりとりは入退院時の情報交換のみであったが，それに加えてCMは，退院後の在宅介護において本人が安定して過ごせている様子もMSWに報告するようにした。MSWとCMの関係が密で良好になったことにより，本人の状態急変時に関するCMの不安についても，率直にMSWに伝えられるようになった。そして，万が一の場合に長女と連絡が取れなくても病院搬送を受け入れてもらえるよう，MSWの了承を得ることができた。

5 考察

本事例において，システムズアプローチを「知ってから」のCMは，事例に対する困難感が軽減し，支援がスムーズに行えるようになったと感じた。その理由について，以下考察してみる。

システムズアプローチでは，支援者自身も含めた支援システムを想定し，そのシステムに変化が生じるよう，支援者が意図をもって働きかけることが重視される。システムズアプローチを専門的に学び始めた筆者は，現状の自分に決定的に不足している「意図」とは，ジョイニング，すなわちシステムに「合わせよう」とする意識や行為だと考えた。そして，小さなことでもかまわないから，とにかくできるところから「合わせる」ことに取りかかろうと意識し，作戦を考えた。たとえば困難①では，

CMは長女に対して当初抱いていた「電話連絡が頻回すぎる」「会話が一方的である」といった否定的な見方をやめ，長女の電話連絡のペースや会話のテンポに，CMのほうから積極的に合わせようとした。困難②においては，長女とヘルパーとの相容れない要求を調整しようとするのをやめた。そして，それぞれの要求の背景には，長女の「父の体調によかれと思っての気遣い」や，ヘルパーの「困難な介護環境における苦労」があることを推察し，それぞれの認識を全力で肯定するよう試みた。困難③においては，MSWと長女の近しく密な関係性に合わせて，MSWとCMの関係もより近しく密になることを意識し，本人退院後のまめな状態報告を心がけた。MSWとの関係がより良好となったため，CM自身が抱えていた不安を率直に伝えやすくなり，結果としてイレギュラーな入院時対応をMSWが了承してくれるに至った。

　振り返ると，事例における「困難」とは決して事例そのものが困難だったのではなく，筆者が抱いていた「困難感」であったことに気づく。「無理な要求を押しつけてくる長女だ」「CMの立場を理解してくれないヘルパーだ」というように，相手に問題点を見出し，相手が変わるべきだと頑なに思い込む姿勢が支援者の「困難感」を作り出す。一方，システムに合わせようとすることは，すなわち自分が変わることである。「相手のありようをそのまま尊重するには，自分がどのようにものを見て，どのように振る舞えばよいか」を考える。相手や状況に合わせて，自分の振る舞いを柔軟に変えようとする姿勢を身につけたことが，筆者がシステムズアプローチを学んで得た収穫といえる。本事例でCMは，自分自身が変わることで，それに呼応するように関係者の言動も変化し，本人，長女，支援チーム全体の関係性が良好になっていく過程を体験した。自分自身のものの見方一つで，「困難」は大きくもなれば小さくもなる。そのようなシステムズアプローチの魅力が，ありありと実感された。

6 おわりに

　冒頭に，CM業務の基本は「利用者本位の相談・援助」であると述べたが，その詳細な内容は「利用者の価値観を理解し，意思決定を支援する」とされている。本事例のように利用者本人の意向を確認できず，家族の意向を参照せざるを得ない場合，それを家族優先，家族本意だと否定的に考える向きもある。しかし，システムという観点からすれば，現在における家族の意向とは，何十年という時間のなかで，本人も含めた家族同士のやりとりを通じて形づくられてきた，家族なりのルールや価値観の延長線上にあるものといえる。家族の意向に「合わせよう」とすることで，本人も含めた家族のルールや価値観に合わせることができるのではないかと感じている。

　本人，家族，各支援者のお仲間に入れていただき，本人が住み慣れた地域でその人らしく過ごすお手伝いができること，それは在宅介護支援の醍醐味である。しかし，長く続く，本人も家族も戸惑うことが多い介護生活に伴走していくことは，一難去ってまた一難，山あり谷あり，CMも同じように戸惑い迷うことの多いプロセスである。システムズアプローチを学んだことで，うまくいかないと感じる時には，自分の「ものの見方」が適切ではないと考えることができ，振る舞い方を変えることができるようになった。いつでも軌道修正できることは，CMにとって財産である。しかし，慣れ親しんだもとの思考にいつのまにか戻ってしまい，ハッとすることもしばしばある。システムズアプローチの「ものの見方」で頭や身体が自然に反応するまでには，まだまだ訓練が必要と感じる。

本章で私たちの目を引く言葉，それは「作戦」だと思いませんか？　「戦」という字が入っているからといって，対象制御パラダイムへの逆戻りではないか，などと早々に目くじらを立てないようにしましょう。ここでの作戦を「オペレーション operation」の訳語と考えてみます。オペレーションにはいろいろな意味がありますが，システム論的には「作動」という訳語を当てたくなります。システムは動き続けています。川は流れているから川なのであり，止まってしまったらただの水たまりです。システムも同様に，コミュニケーションによって動き続けることでその都度システムとなり続けていきます。

　オペレーションには，業務計画を遂行するといった意味合いもあります。対人援助は業務ですから，場当たり的であることは避けなければなりません。仮説を設定して支援を計画し，実施し，振り返って検証する。この仮説検証プロセスが支援を形作ります。仮説というと堅苦しいですが，仮説を設定することは「ああかな，こうかな」と支援者の側があらかじめ考えをめぐらせ，次に起きる出来事を待ち受ける行為に他なりません。システム論は一部ポストモダンの潮流と重なりますが，ポストモダンは「型破り」なのであって，「形なし」では意味をなしません。考えなしに「とりあえず話を聞く」というような無計画性は望ましいことではありません。

　さて，それ以上に「作戦」の2文字から伝わってくるのは，ケアマネジャー（CM）のエネルギーでなくてなんでしょうか。事例として描かれているのは，どれもCM自身の労を厭わない行為です。支援者が自分の行いを変えることは，それほど容

易いことではありません。支援対象者についてアセスメントすること，手を貸すことには熱心になれても，支援者自身を把握し変えることはなぜか難しい。オートポイエーシス・システム論の教えるところによれば，その困難は観察する自己と観察される自己が異なることに由来します。

　自己を一枚岩として捉えるのではなく，2つの自己があると想定してみます。この2つの自己，観察する自己から，観察される自己をコントロールすることはできず，ただある程度の影響を与えることしかできません。両者は同じ自己という名前がついていながら，互いに閉じている，と考えるのです。しかし，思い通りにいかないからといって諦めるのではなく，本事例においてCMが「ジョイニングと言い聞かせて臨む」などの試みをしていたように，観察される自己（現に動いている自己）をあの手この手で変えようとエネルギッシュに行動してみせるのがシステム論を活用する支援者というものなのでしょう。介護のように「困難感」を抱きやすく，多数の関係者とのかかわり合いが必要な領域であっても，支援者が粘り強さを失わない，そのような態度によって支援対象者に伝わる強度こそが支援を動かすのかもしれません。

　こうしたプロセスを経て到達するのが「面白くて簡単」なシステムズアプローチの境涯なのでしょうね，きっと。

（田中）

第9章 がん治療におけるシステムズアプローチ

吉田幸平

1 はじめに

　最初に，私が所属しているがん支持療法チーム（緩和ケアチーム）について述べさせていただく。「緩和ケア」という言葉を聞いた際に多くの方がもたれるイメージは，"終末期医療"ではないかと思う。がん医療において，手術や抗がん剤治療など積極的治療を経て寛解する患者がいる一方，治療の効果を超えがんの病勢が悪化した結果，BSC（Best Supportive Care：積極的治療ではなく，緩和的治療中心の治療方針）への移行となる患者もいる。ステージや症状に合わせ，徐々に病状や苦悩に対する緩和医療へとシフトしていく。多くの患者がみずからの余命に直面し，どのように過ごすのかに向き合い，そして最期を迎える（図9-1）。

　私が所属している病院はがんに対する積極的治療を行う施設であり，患者の多くは治療の過程にいる。そのためがん支持療法チームは，患者が余命を告げられるタイミングや，積極的治療から緩和医療中心に方針転換するタイミングで介入を依頼されることが少なくない。BSCの対象となった患者の心理的ケアがチームの主な業務の一つとなる。

　介入の形態には，病棟（ベッドサイド）での面接と外来での面接がある。

図 9-1 がんの治療と緩和ケアの関係の変化（文献1）

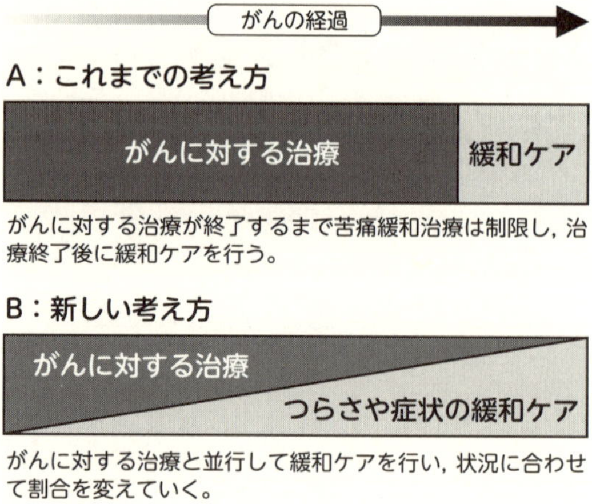

```
              ← がんの経過 →
```

A：これまでの考え方

| がんに対する治療 | 緩和ケア |

がんに対する治療が終了するまで苦痛緩和治療は制限し，治療終了後に緩和ケアを行う。

B：新しい考え方

| がんに対する治療 ／ つらさや症状の緩和ケア |

がんに対する治療と並行して緩和ケアを行い，状況に合わせて割合を変えていく。

また患者の病状により，面接できる時間は一定ではない。本章で紹介する森田さんの事例も，病棟での面接と外来での面接の記述が混在するかたちとなっている。想像しづらい部分もあるかと思うが，ご容赦いただきたい（なお，人物名を仮名にするなど，事実には改変を加えている）。

2 ケース概要

「ポジティブでいたいんです」

これは，森田さんが面接中によく口にしていた言葉である。私は，その言葉に合わせて森田さんとの会話を構成した。

森田さんは愛嬌のある笑顔とハキハキとした話し方が印象的な20代男性である。

X年，腰痛と歩行障害が出現し，検査の結果，脳腫瘍および脊髄転移

と診断。当初，予後半年と本人および家族に告知された。幸い放射線治療と化学療法が奏功し，危機的な状況からは脱したものの，脊椎転移の影響から下半身不随となり，車いす生活を余儀なくされた。

X＋2年12月，森田さんは就職活動の末，内定にまで至った。就職に向けて不安が強いと本人から訴えがあり，心理職である私との面接が開始となった。

3 外来初期～入院1期

外来第1回面接で，私は森田さんに家族関係や現在の生活についてうかがった。継母との関係があまりうまくいかず継母とは別居状態であること，さまざまな理由で父も頼りにしにくいこと，仕事に対して不安感が強いことが語られた。彼は面接中，努めて明るく振る舞っていた。仕事に就くことの不安を森田さんが語るなかで，「どのように生活していけるといいと思う？」と私が聞いたところ，みずからの今後について「長くは生きたくないんです。自分でトイレに行くこともできない」と語った。外来第2回面接の後，森田さんは「今は大丈夫です」と言い，面接は中断となった。

明らかに私のミスであった。明るく振る舞っていても，この時森田さんはまだ自身のがんや下肢運動麻痺について受け入れているとは言いがたい状態だった（のちに本人もそう話した）。そのうえ，私は森田さんの複雑な家庭背景に触れていた。外来第1～2回面接で扱った話題は，森田さんがこれからの生活をイメージするうえで希望を抱くには厳しいものであった。

X＋3年3月，森田さんのがんは再発した。放射線治療目的で3ヵ月の長期入院となり，本人の同意を得て再度私がかかわることとなった。

私はがん性疼痛の有無などの症状や病室での過ごし方について尋ねていった。森田さんは再発に際しての治療の不安から緊張が強く，表情は硬かったが，やはり努めて明るく振る舞っていた。私は森田さんとの関係を再構築しようと，必死に彼の言動のなかにヒントを探していた。
　そんななか，病棟での3回目の面接の際，病室に音楽雑誌が置いてあるのが目に入った（以下，Thが私の発言）。

Ⅰ）入院1期・第3回面接

Th　：ロック雑誌じゃないですか。お好きなんですか？
森田：そうなんです。フェスとかライブにもけっこう積極的に行っていて。
Th　：おお！　うらやましい！
森田：（ハツラツとした笑顔で）いいですよ。実はそこで恋人とも知り合って。

　森田さんはライブやフェスに行ってどんな音楽を聴くのか，フェスでどのようにして恋人に声をかけたのか，生き生きと語られた。

森田：ああー，久々にこんなこと話した。病院でこんな話ができると思っていませんでした。先生，もっと来ることできないんですか？

　この日の森田さんはリラックスした様子で，かつこれまでの面接でみられたような緊張感はなかった。私は森田さんと会話を続けるうえで，大変大きな見落としをしていたことに気づいた。彼が感じている不安やつらさに注目するあまり，彼のリソースに注目できていなかったのだ。この面接を機に，私は彼がもっているリソースを引き出すことに重点を置くこととした。

私はベッドサイドに行くたび，森田さんと一緒に彼のリソースを確認していった。音楽を通してできた恋人が大きな支えとなっていること，今は恋人と同棲したいと思っておりそれに向けて仕事や住居の相談をしていることを，森田さんは嬉しそうに語った。私は彼と恋人が生活していくイメージを，金銭的な配分や部屋の間取りから，どうやって恋人の両親に挨拶に行くかに至るまで具体的に尋ね，森田さんのイメージを膨らませた。音楽の存在も大きな支えになっており，森田さんは興奮気味にフェスやライブの話をし，ある時は次のように語った。

「音楽があって本当によかったです。音楽があると，そっちに意識を向けることができる。前向きな気持ちになれるんです。半身不随になった時，歩けなくなったことと自分のイメージとの差が大きくて，それがつらかった。人と自分は違うんだって，やっぱり比べてしまって。音楽を聴いていると，今はそれができなくてもいいかって思うんです。心と身体のズレが少ないというか。これについては，先生が生活の具体的な目標を一緒に考えてくれたのも大きかった」

　入院治療中の面接のなかで，森田さんは徐々に「前向きに生きたい」「ポジティブでいたい」と語ることが多くなっていった。

　森田さんは放射線治療を乗り越えたが，腫瘍は残存し，根治は困難であると医師から伝えられた。その直後の面接では，彼はショックを受けつつ，「余命とか，知ることができるんなら知っておきたいな。自分の過ごし方とか考えられるじゃないですか」と，自身の今後について受け止めようとされていた。6月に退院，森田さんは外来でのカウンセリングを希望された。

Ⅱ）外来・第3回面接

森田：フェスとか，行っときたいんですよね。生きる原動力なんです。がんが大きくなっているんじゃないかって不安になりますし，

　　　　本当は痛みが出るんじゃないかという不安も大きいです。でも，
　　　　できるだけ予定は埋めておきたいなって思うんです。
Th　：痛みや苦痛って，人にとって怖いものだと思うんです。フェス
　　　　やライブに行くのは，病気に負けてない部分ですよね？
森田：そうですね。
Th　：どうして負けずにいられるんですか？
森田：今がそこそこ幸せだからですかね。まず，生きているし。恋人
　　　　もいるし，音楽もあるし。お風呂にも入れるし。だからかな。
　　　　できるだけポジティブに生きていたいと思うんです。
Th　：ポジティブに生きていたいと思うのは，素敵なことだと思うん
　　　　です。だからこそ聞きたいんですが，そう感じられるのはどう
　　　　して？
森田：それが自分らしさだと思うんです。
Th　：人にはポジティブな部分もネガティブな部分も両方あっていい
　　　　と思います。でも，そのなかでもポジティブが大事ということ
　　　　ですか？
森田：そうです。できることは何でもしたいんです。だから，あとど
　　　　れくらい生きられるのか知っていたら，「こういうことに時間
　　　　使おう」って決めやすいんですけどね。前向きなのがいいです。

　外来・第3回面接で交わされたやりとりから，森田さんはがん，そして，そこから生じるがんというストーリーから離れていることが確認できた。医療現場で医療スタッフと患者の間で交わされるコミュニケーションは，疾患や症状についての質問や語りが中心となる。面接においてもそれは同様に起こっていた。患者は常に症状について意識させられ，直面し続けることになる。入院中の面接にてリソースに焦点を当てたことは，森田さんの「病院でこんな話ができると思っていませんでした」という驚きに表れているように，患者の置かれている文脈を，疾患・症

状から，恋人や音楽など森田さんが支えられていると感じているものとの関係性へと変化させる効果があったと考えられる。

　森田さんは「ポジティブでありたい」という意思表明と，「あとどれくらい生きられるのか知りたい」という病状に対する受け止めを進めようとされた。がんという文脈ではなく，本人を支えてくれているものとの関係性について語る文脈上だからこそ，今後どう過ごすのか，今後どうありたいのかというやりとりができたと考える。

4 入院2期〜外来後期

　外来・第3回面接の後，森田さんは頭痛を感じ，外来を受診した。がんは新たに転移していた。転移箇所に対して3週間に及ぶ放射線治療を実施するためＸ＋3年7月に入院となり，私とは再度ベッドサイドでの面接となった。

Ⅰ）入院2期・第1回面接

森田：再発のことはショックでしたけど，今回は立ち直るのが早かったと思います。恋人の存在が大きいですね。恋人に再発したことを伝えました。それで別れてくれてもいいって伝えたんです。そしたら，「一緒にいる」って言ってくれたんです。それで安心して。
Th　：恋人は森田さんのことをどう思ってるんだろう。
森田：それは，あんまり聞いてないですね。

　この時，私が恋人とのやりとりを詳細に聞こうとすると，森田さんは目をそらし，別の話題にシフトしていった。

Ⅱ）入院2期・第3回面接

森田：最近，いろんなことを受け入れていこうと思うんです。だって，がんの細胞も，別にそいつが悪いわけじゃないじゃないですか。

Th　：悪気があるわけでもないですし，森田さんを困らせたくて出てきたわけでもないのかもしれません。

森田：そうなんですよ。痛いのは嫌だけど。そういうふうに出てきたのは，受け入れてあげたいなって。

Th　：なかなか，できることじゃないですね。そう思おうとしていることを，森田さんはどう感じます？

森田：受け入れていこうと思うのは，やっぱり大事なことで，それが僕にとってポジティブなのかなって。悔しい気持ちだってあります。同年代の子は働いてるけど，僕は働けない。だから働けてない自分はダメだと思っていました。でも，そういうのも受け入れないと仕方ないかなって思うんです。人より成長が遅いだけなんだって。

Th　：それを受け入れようと思うのは，森田さんの強さなんだと思います。さっきの細胞の話もそう。受け入れることは成長ともいえると思いますし，人と違う成長のかたちだったのかもしれませんね。

森田：そうなのかな。こうやって話せるのは，恋人の存在も大きいですね。

　森田さんは，疾患との関係もみずから模索していた。私はそれをコンプリメント（Compliment：賞賛・労い。この場合，本人の枠組みにおいて望ましいと感じている変化や行動に対し，Thが直接的に賞賛したり，質問したりすることで患者自身に語ってもらうこと）しながら，森田さんにとっての「ポジティブ」を構築できて

いるかどうかを彼に確認しつつサポートしていた。

　この時，私の気がかりとなっていたのは，森田さんと恋人との関係であった。私は森田さんにとって最も助けとなり，森田さんが深い関係を望まれているのは恋人であると仮説を立て，恋人とのやりとりについても質問していた。森田さんにとってよい関係であることは何度も確認できていた。しかし，彼も恋人との関係性に確信をもちきれていない様子であった。「別れてもいい」という言葉は，森田さんが恋人との関係を確認している言葉だと取ることもできた。

　私は森田さんと恋人との関係を①森田さんにとってよい関係であることは疑いがない，②恋人の森田さんに対する枠組みは森田さんにとって曖昧な部分であり，不安の1つでもあるのではないか，と考えていた。曖昧になっている恋人との関係に森田さんが安心できることは，彼が前向きに進んでいくうえで重要なポイントだと思われた。

Ⅲ）入院2期・第5回面接

　この日，森田さんから「恋人が見舞いに来ますよ。会います？」と誘われ，ぜひにとお会いする運びとなった。恋人は初対面でも人当たりがよく，礼儀正しい女性であった。挨拶もそこそこに，私はかねてより考えていた質問をした。

Th　：今日お会いしていきなりうかがうのもなんですけど，どういう出会いだったんですか？
恋人：お互い好きなバンドのライブで，森田さんから声をかけてきてくれて。最初は積極的な人だなーってくらいだったんですけど，お付き合いすることになって。
Th　：ふむふむ。ということは，魅力的に感じたところがあったってことですね。あ，森田さんはこの話，恥ずかしい？

森田：恥ずかしいですよ（笑顔）。でもまあ，いいです。
恋人：ふふ。いや，彼，すごいんですよ。力をもってるというか。自分の思いとかをよく話してくれるんです。泣きながら気持ちを話してくれて，それが本当の気持ちなんだろうなって感じて。私も力をもらってます。
Th ：というと？
恋人：私は生まれつき身体が強くないんですが，そのことを受け入れるのにすごく時間がかかりました。彼はもう受け入れているというか。
Th ：そうなんですね。そういう姿を見ると，森田さんから力をもらっていると感じると。
恋人：そうなんです。尊敬できるなって。それに，私のことを引っ張ってくれますし。
Th ：あれ，それは森田さんから聞いていた話と違うなぁ。
森田：（恥ずかしそうに）へへへ。
Th ：こうやって，お互いが支え合っていて，お互いに相手からエネルギーをもらってるってことなのかな……いや，感服です。
森田：先生は僕のこと，どんなふうに見えてるんです？
Th ：思ったことを言葉にする力がすごいですよね。受け止めることもそうですけど，それを素直に言葉にしてくれていると感じます。
恋人：それ，私も思っていました！　私より上手！
森田：（照れながら）先生や看護師さんには今の気持ちを素直に話してますね。それがいいというか，その時どんなこと感じているのかを話すことも大事なんだなって思います。
Th ：恋人さんにも話せてるみたいですしね。
恋人：チームみたいですね。
Th ：チーム森田さんですね。

森田・恋人：（笑顔）
Th　：いつもお話にうかがっていましたが，森田さんと恋人さんがとてもいい関係だと今日お会いしてさらに確信しました。もしよければ，外来でも一緒にカウンセリングにお越しいただけませんか？　森田さんを応援してくださる方のお力もお貸しいただきたい。
森田：それは僕もそうしてほしいです。
恋人：いいですよ。来れる日は来させてください。

　私は森田さんと恋人に，外来面接の約束を取りつけた。
　数日後，主治医から森田さんに，入院治療にもかかわらず病変が増大していることが伝えられた。この時，森田さんに伝えられた予後は3ヵ月だった。この段階で，本人の希望で在宅医療が導入され，8月中旬に自宅退院となった。

Ⅳ）外来・第4回面接

森田：言われたことはショックで，泣きました。今は平気というか，家では笑って自分の最期の話をしています。諦めというか，自分のしたいことをしたいなと。恋人と同棲を始めました。結婚するつもりです。籍は入れずに，形だけになると思いますけど。
恋人：ほんとに笑いながらこれからのこと話すんです。強すぎるというか。
森田：強がっている部分もあると思うんです。悲しくなると思うんです。でも，その時は，「自分は今悲しんでるな」と思っていたいんですよね。あっけらかんとしていたい。
Th　：恋人さんのおっしゃる通り，強いと思いますし，森田さんのおっしゃる強がっているというのも，そうなのかもしれないと思い

ます。受け入れるということもよく話しておられた。だからこそ聞きたいんですが，どうしてそう強くいられるのでしょう。

森田：周りのおかげかな。支えてくれているのを感じるので。今，めっちゃわがままを言っています。友だちにもみんなに声かけて，バーベキューを開催して，その場でみんなに病気のことを伝えました。

Th　：すごいですね。同棲については，誰の提案で？

森田：僕ですね。父に相談して，僕の家でしようとなって。

恋人：最初言われた時はびっくりしました。告知されたことを話した直後だったんで。

Th　：驚かれましたね。森田さん，恋人さんにちょっと聞きたいんですけど，いいですか？

森田：ええ。

Th　：少し，森田さんにとっては強いというか，ドキッとすることを聞いても？

森田：（うなずく）

Th　：ありがとうございます。恋人さんにとって，きっといろいろな思いもあったと思うんです。結婚することや同棲について，不安などはなかったんですか？

森田：（神妙な表情，瞳を閉じている）

恋人：正直，仕事の面とかでありましたね。でもそれ以外はなくって。迷っていることを家族に相談したら「一緒にいてあげなさい」と言ってくれましたし。仕事も休んで，一緒にいる時間を長くしようと思って。

森田：（一度恋人のほうを見てうなずく）

Th　：なるほど，それで一緒にいようと思われたんですね。

恋人：はい。

この日の面接の最後に，森田さんは満足気な笑顔で「今，みんなにすごく甘えられています」と語った。この日の面接以後，森田さんは恋人の両親への挨拶，結婚パーティ，北海道への新婚旅行，友人との旅行と，面接のなかで目標を立て，一つひとつ実行された。その間，本人と相談し，面接は週に1度行うこととなった。10回目の面接の頃から傾眠傾向が強くなっていき，面接の時間は徐々に短くなっていった。

Ⅴ）外来・第12回面接

森田：もうやりたいことは全部したって感じです。明日死が来るなら，バッチこい！　みたいな。

Th　：それはすごい。ポジティブでいたいって言っていましたものね。

森田：そうです。もちろん実際来たら違うかもしれませんけど。主治医の先生が早い段階で予後を言ってくれてたのがよかったんだと思います。今は受け入れる時なのかな，自分の死を見つめる時期なのかなと思うんです。恋人がいてくれるのもあるし。先生のところに来られなくなるのが嫌かな（笑）。ただ，できるだけ最後は家にいたいんですよ。家族も家で看取りたいって。僕もそれがいい。

　12回目は，森田さんとの面接の最終回であった。森田さんはこの面接1ヵ月後のX＋3年11月，家族に見守られるなかで息を引き取った。看取りに同席した在宅医療の医師より，家族のグリーフケアを含めフォローがなされたことが，後日報告された。

5 考察

　私は森田さんが恋人との関係に安心感を抱けるよう，面接内で恋人に質問を投げかけるかたちで，恋人の森田さんに対する枠組み，時に恋人の決意を伺った。恋人にとっても彼が尊敬できる対象であること，森田さんが一方的に求めているだけではないことを共有したことは，森田さんにとって曖昧であった恋人との関係に対する枠組みをより明確なものにする働きがあったと考えている。また，二人の関係は二人にとってよいものであることに疑いはないが，法的な手続きなどを経ているわけではなく，その点では目に見えるかたちがないぶん不安定ともいえた。外来・第4回面接で結婚と同棲についてどのように恋人の意思決定がなされたのかを明確にしたことは，森田さんが相手に対し疑問を抱かず安心してサポートを求めやすくする働きがあったのではないかと考える。これは，森田さんと恋人が「結婚する」という約束を交わしていたからこそ踏み込むことができた部分でもあった。

　関係性が安定したのち，森田さんは恋人とどのように過ごすのか，自分がどのように時間を使うのかを，それまで以上に明確にしていき，かつ実行された。森田さんが最終面接で述べた「もうやりたいことは全部したって感じです」という言葉は，いろいろな見方をすることができるが，少なくともそう言語化するまでサポートできたのではないかと考える。

6 おわりに

「死にたくないな，もっと生きていたいな。だって今幸せなんやもん。これ以上人を悲しませたくないな。生きたい」

これは，6回目の外来面接でひとしきり目標の話をし，笑い合った後，森田さんが口にした言葉である。この時，どう反応するのがよかったのか，どう支えるのがよかったのか，私のなかでいまだ答えを出せない。それでも私は，森田さんの「ポジティブでいたい」という言葉に合わせて彼との会話を構成することを選択した。

システムMEMO

　本書の第2章で紹介されているように，語ることによって問題をめぐるシステムができていく，という「言語システム」という考え方があります。

　しかし，語ることによってできていくのは，「問題」だけではありません。以前は，運動中の水分補給は「バテるからダメだ」と言われ（そのようにみんなが語っており）「問題」とされていました。しかし，現在では「適度に水分を摂ったほうが身体によい」と言われるようになり（そのようにみんなが語るようになり），運動中の水分補給は「必要なこと」となっています。ある事柄が「問題」なのか「必要なこと」なのかというのは，人々がその事柄についてどのように語るかによって変わってきます。

　本事例では，入院1期・第3回面接を契機に，セラピストと森田さんの間で，音楽や音楽を通してできた恋人に関する会話が交わされるようになっています。これについては「森田さんと一緒に彼のリソースを確認していった」と表現されていますが，ここで行われたことは，まさしく「確認」だったのだと思います。音楽が好きな人は大勢いますが，その人たち全員が森田さんのように「音楽があって本当によかった」と思ってい

るとは限りません。それどころか森田さんでさえも，もともとそのように思っていたわけではなかったかもしれません。森田さんが「音楽があって本当によかった」と思うようになったことには，セラピストと森田さんの間で，音楽が森田さんにとってどのように「大きな支えになって」いるのか，ということを「確認」する会話が交わされたことが影響したのだと思います。そのように考えると，セラピストと森田さんが語ることによって音楽というリソースができあがっていった，といえるのではないでしょうか。

　その後，森田さんは「ポジティブでいたい」と語ることが多くなり，外来・第3回面接では「それが自分らしさだと思う」と語っていますが，これについても同様のことがいえるでしょう。セラピストが「どうして負けずにいられるんですか？」「そう感じられるのはどうして？」といった質問を投げかけ，森田さんがそれに答えるという会話が交わされていますが，このようにセラピストと森田さんが語ることによって，「ポジティブでいたい」という森田さんの「自分らしさ」ができあがっていったように思われます。

　恋人との関係も，語ることによってできていったのだと思います。森田さんにとって恋人との関係は「曖昧になっている」と考えたセラピストは，恋人と初めて顔を合わせることになった入院2期・第5回面接で，恋人にいくつもの質問を投げかけます。そこで恋人は，森田さんから「力をもらって」おり，森田さんが「尊敬できる」存在であり，二人の関係は「私のことを引っ張ってくれ」る関係であることを語ります。このような会話を通して，森田さんと恋人の関係は決して「曖昧」なも

のではなく「とてもいい関係」になっていき，そこに「チーム森田さん」ができあがります。このような関係（システム）を作り上げたのは，語ること，だったのではないでしょうか。

　われわれ人間は，いずれ人生の終わりを迎えます。その時，われわれはみずからの人生について，どのような思いを抱くのでしょうか。それはきっと，それまでにみずからの人生についてどのように語ってきたか，ということによるのだと思います。森田さんは，セラピストとの最後の面談で「もうやりたいことは全部したって感じです」と語っています。森田さんがこのような「感じ」を抱くようになったのは，森田さんがそれまでにみずからの人生についてそのように語ってきたからなのでしょう。そして，セラピストは森田さんがそのように語ることに貢献したのでしょう。

(木場)

第10章

児童養護施設における多職種連携
ファシリテーターとしての心理職のありよう

辻 育子＋赤津玲子

1　はじめに

　児童養護施設は子どもだけでなく，そこで働く職員にとっても"暮らしの場"である。自分の家庭のある職員もいるし，雇用され給与をもらっているという意味では職員にとっては"仕事"であるのだが，子どもへの思いは"仕事"の枠を超えている。怒りも，悲しみも，喜びも，願いも，きれいごとだけでなく，理想だけでなく，時に疲れて投げやりになる自分自身も抱えて試行錯誤しながら子育てをしている。そしてまた，子どもに育てられてもいる。"子ども"の存在は，職員の心身に沁み込んでいる。児童養護施設はそんなところである（以下は，個人情報を保護するため，事例を組み合わせるなど，事実に大幅な改変を加えた）。

2　村のよろず相談所

　この児童養護施設は，親代わりとしての担当職員が一人ずつ配置され"家族"としての形態をなす小人数グループの集合体である。それぞれ

の家を担当する保育士の個性が尊重されているため各々の"家族"がオリジナリティにあふれていて，さながら1軒1軒の家が集まった小さな"村"といった風情である。その"村"の一角に独立した機関としてソーシャルワーカー（以下，SWとする）が置かれ，保護者や児童相談所（以下，児相とする）との連携をとる業務を請け負っている。心理士も独立した機関として，各"家族"からの困りごとの相談を随時受け，その都度必要な対応をするという役割を担って配置されており，さしずめ"村のよろず相談所"といった立ち位置である。

　この施設では，年に3回程度，"生活会議"が開かれている。生活会議とは，上述の"家族"としてのグループを受けもつ生活担当職員（保育士・児童指導員）を中心として，フリーの生活担当職員，管理職，SW，心理士が集まってグループの子ども一人ひとりの現状を把握し，今後の見通しについて検討することを目的として実施されている公式な会議であり，さまざまな視点から子どもを立体的に把握して，その子どもにとって必要な行き届いたかかわりをすることを目的としている。

3　事例の概要 ── サヤカ

　サヤカが乳児院に入所したのは2歳の頃であった。表情が乏しく，外界からの刺激に過敏に反応して泣き叫んだかと思えば，刺激をシャットアウトして"閉じている"ように見えたりと，かかわりのむずかしい子であった。3歳で当児童養護施設へ措置変更されてからサヤカを担当した保育士は，目の前にいて話を聞いているのに「聞いて～！」と泣き叫ぶ様子を，「サヤちゃんが異次元に行ってしまったように感じる」と嘆いた。4歳で始めたプレイセラピーでは，「お家」としてのおもちゃのテントのなかに，赤ちゃんの人形とともにたくさんの"武器"を詰め込んで，守りを固めているようだった。

サヤカの母親はうつ病で養育不能となっていたが，徐々に回復し，サヤカが4歳になる頃から，定期的な外泊を重ねてきていた。引き取りを検討し始めた矢先に母親の妊娠がわかり，それを機に交際していた幼なじみの男性（現在のサヤカの継父）と再婚した。異父妹の出産後に家庭引き取りとなった時，サヤカは小学校1年生になっていた。

　しかし，わずか1年あまり後，サヤカは再入所となった。継父の収集しているフィギュアを落として壊してしまったことを認めず謝らなかったために，継父に殴りつけられて床で頭を打ち，硬膜下血腫ができたのである（それ以前にも，テストの点数が悪い時などに叩かれていたことはあったと，後にサヤカは話した）。両親が施設入所に同意しなかったため28条措置［★1］となった。継父は不起訴となり，児童相談所の加害者更生プログラムに通い始めた。

　サヤカは，以前いたグループに戻ることになったが，担当は採用2年目の保育士ミキさんに代わっていた。子どもたちは，ミキさんの言うことだけを聞かなかったり，してはいけないことをわざとしたり，悪態をついたりといった行動を繰り返していた。

4　保育士の相談 ── ミキさん

　サヤカが再入所して2ヵ月ほど過ぎたある日，唐突にミキさんが相談室にやってきた。ソファに浅く腰を降ろしたミキさんが「見てください」とぎこちない様子で差し出したのは，生活会議の資料の下書きだっ

［★1］児童福祉法28条第1項1号に基づく児童福祉施設入所措置。児童福祉施設等への入所等の措置に保護者が同意しない時に，家庭裁判所の承認を得て行うことができる。この場合，親権者等は子の引き渡しを求めることはできないため，この承認は親権を一部制限するものと考えられる。

た。資料の書き方の指導は生活担当主任の役割なので心理士は少し面食らったものの，ひとまず目を通すことにした。読み進めていくうちに，彼女が子どもたちとのかかわりを楽しめなくなっており，自分のいたらなさを責め，方向を見失っている様子が伝わってきた。

　ミキさんの混乱を察した心理士が，資料から目を上げて「子どもたち，ミキさんの気をひきたくてしかたないみたいね」と感想をつぶやくと，ミキさんは意外そうな表情をした。

　ミキさん：私は子どもたちに嫌われているんじゃないんですか？
　心理士　：何でそう思うの？
　ミキさん：だって，他の職員の言うことは聞くのに，私の言うことは聞かないし，言葉だって荒々しいし……。

話すうちに，ミキさんの瞳からは涙が溢れ出した。

　心理士　：子どもたちに嫌われてると思ってたのね。それはしんどかったね。子どもたちは，ミキさんがどんな人なのか，どれだけ自分のことを受け止めてくれるのかを，今，確かめているところなのよ。
　ミキさん：そうなんですか？
　心理士　：そう。だから，ミキさんが"私のルールはこうです"ってことを，はっきりと示してあげると子どもたちは安心すると思うよ。

　ミキさんは続けて，日曜日の話を始めた。昼に子どもたちからリクエストされたタコ焼きをしたが，チーズ入りが欲しいとか，焦げているとか，自分のほうが先だとか，みなが口々に要求を出すうちに喧嘩が始まり，ミキさんの声も届かず収拾がつかなくなった。ふと視線を感じて振

り向くと，サヤカが黙って自分を見つめていて，その表情の冷たさに背筋が凍りついたという。

　　心理士　：サヤちゃんはその時，どんなことを思って，ミキさんを見てたと思う？
　　ミキさん：子どもたちに言うことを聞かせられないダメな保育士だと思って，あきれて見ていたと思います。
　　心理士　：サヤちゃんがそんなふうに思っていたということは，どうしてわかるの？
　　ミキさん：……。
　　心理士　：自分のことを，子どもたちに言うことを聞かせられないダメな保育士だと思っているのは，ミキさん自身じゃないのかなあ。
　　ミキさん：もちろん，私自身もそう思ってます。
　　心理士　：うん。でもさ，"ミキさんが思っていること"イコール"サヤちゃんが思っていること"なの？
　　ミキさん：あー……。
　　心理士　：それから，ミキさんは担当になって何ヵ月め？
　　ミキさん：2ヵ月半です。
　　心理士　：ミキさんが子どもの立場だとしたらさ，2ヵ月程度かかわった大人を親代わりだと信頼して，言うことを聞けるかなあ。
　　ミキさん：……そうですね，無理ですね。
　　心理士　：でしょう？　だから，今の子どもたちの反応はとても健全だと思うし，子どもたちに健全な反応をさせられているミキさんも健全だと思うよ。

ミキさんは少し力が抜けたようだった。

心理士　：今すべきことは反省することではなくて，子どもたちと知り合うことだと思うけどな。
　ミキさん：そうですね……。

　それから心理士はサヤカの"冷たい表情"について，「本来ならば守られるべき親から暴力を受けたサヤちゃんとしては，グループ全体がざわつき始めた時に，ミキさんがどんなふうに振る舞うのか……怒鳴るのか？　殴るのか？　怖いなあ，と思いながら様子を見ていたんじゃないかな」と説明した。ミキさんはその後，子どもとの関係性について迷いが生じるたびに，心理士のもとを訪れるようになった。

5　それぞれの思いを汲んで

　再入所から2年の月日が過ぎ，小学校4年生になったサヤカは，ミキさんのもとで安心して暮らし，帰宅を視野に入れた両親宅への外泊も始まっていた。主任は，「こんなにすんなりと返していいのか？」と，生活会議の席で異議を唱えたが，両親は児相が提示するプログラムにきちんと参加しているし，サヤカ自身も帰宅を望んでいる以上，帰宅を阻む理由はどこにもなく，このままいけば，来年の夏に期限のくる28条措置の更新はないだろうと思われた。しかし，順調すぎる家族の再統合には，心理士も違和感を覚えていた。
　そんなある日の午後，「サヤカのことで相談がある」と，山本さん（SW）が心理士のところにやってきた。初めての2連泊の直前に，サヤカが「外泊に行きたくない」と泣きながらミキさんに訴えたというのだ。理由を問うと，「次の外泊の時に学校の宿題を持ってくるように言われたけど，勉強がわからないと叱られるから怖い」と言う。ミキさんは，「思って

いることを伝えてくれたことは嬉しい。みんなサヤちゃんの気持ちを大事にしたいと考えているから，無理やり外泊させるようなことはしない」と伝えて安心させた。そして主任に相談し，それを聞いた山本さんが児相の川田さん (SW) に状況を伝えた。川田さんは両親に事実を伝え，サヤカの気持ちが緩むまで接触を断つことになった。継父は「そんなつもりはなかった」と心外な様子ながらも，児相の方針にしたがうとのことでひとまず折り合いがついた。

　しばらく後に再開された面会は，ミキさんや山本さん，そして川田さんが同席して児相で行われた。サヤカは，両親の前では嫌な顔は見せなかったが，出かける前は気が重い様子であった。児相での面会を数回重ねたある日，痺れを切らした両親が外泊に誘うと，サヤカはその場では拒否しなかった。しかし，帰り道でミキさんに対して「パパとママがかわいそうだから，嫌と言えなかった」と打ち明けた。ミキさんからそれを聞いた児相の川田さんは，「ご両親の前で言ってくれるといいんですけどね」と溜め息をついた。

　両親は，本人が嫌がっていないのに外泊が再開されないことに対して苛立ちを見せ，川田さんはサヤカの気持ちがほぐれるのを待ったほうがいいと両親を説得し続けたが，とうとう両親は，施設が阻止しているに違いないと川田さんに詰め寄り，緊迫した状態になってしまった。今回の外泊での出来事は虐待には当たらず，継父は児相の提示するプログラムをきちんと受けており，異父妹（継父の実子）を養育している実績がある。川田さんは，制度的にこれ以上帰宅を阻止できる理由はない，一時的に止めているのは本人の意向を汲んでのことであるが，本人が両親の前ではっきりと意思表示しない以上，28条措置の期間が切れれば帰すしかないと言う。それに対して主任は，「怖がっている継父の前で本当の気持ちなど言えるはずがないし，外泊の再開はできない，帰すなんてとんでもない。そもそも制度がおかしい」と主張し，主任と川田さんとの関係までこじれてしまった。

話し終えると山本さんは深い溜め息をついた。

心理士　　：そうだったのね。私も今回の再統合はスムーズすぎるって違和感があったのよね。ちょっとややこしくなっちゃってるけど，このタイミングで言えてよかったよね。サヤちゃん，よく言えたなあ。
山本さん：それは本当にそうなの。だから私たちがしっかりと頑張らないといけないんだけど，まず児相の川田さんと主任の関係をなんとかしないと。
心理士　　：そうよね，主任の言ってることは間違ってはいないけど，制度がおかしいなんて言っても，それは川田さんたちにもどうにもできないしね。
山本さん：そうなの。川田さんたちのしてることを全否定してるみたいに受け取られてしまったみたいで，川田さんの顔色が変わって，もうピリピリしちゃって。
心理士　　：たしかに，ここまでご両親との関係をつないで維持してきただけでも，すごくエネルギー使ってたと思う。それをそんなふうに言われたら気持ちを保てないよね。
山本さん：そう，こんな状態だと次の協議がうまくいくとは思えなくて。
心理士　　：わかった。まずは主任へのアプローチが必要ってことね。
山本さん：うん。
心理士　　：どこから手をつけたらいいかなあ。主任の言う通り，"怖い継父の前で本当の気持ちなど言えるはずがない"っていうのは同感。だからまず，サヤちゃんの再アセスメントをして，その結果を主任やミキさんと共有するところから始めようか。

サヤカのアセスメントには，TSCC-A（子ども用トラウマチェックリスト），HTPP（描画テスト）などを使用し，トラウマ反応などの所見を得たが，一度目の入所に至った経緯も含めて考慮することが必要だと考えられたので，両親の成育歴もそれぞれ見直すことにした。

　母親は一人っ子で，中学校進学時に祖母を亡くして以来，家事をすべて担ってきた。仕事人間の祖父は情緒的な交流に乏しく，わずかな会話はもっぱら学校の成績に関することだった。若くして結婚したが結婚生活はうまくいかず，サヤカの出産後に激化した父親のDVから逃れるために離婚するが，うつ病を発症して養育不能となった。やむなくサヤカを乳児院へ入所させることに同意し，実家の祖父のもとに身を寄せるが，子どもを引き取らなければという責任感から面会を予定しては，調子を崩してキャンセルとなることが繰り返された。このような経過から，母親のうつ病と，サヤカは赤ん坊ではあったが面前DVによる影響も無視できないことがわかった。

　継父は年の離れた妹と二人きょうだいで，自衛隊の幹部であった祖父が絶対的な権力をもつ父系家庭で育った。女の子であった妹が溺愛されわがままを許されていたのに対し，父親は学校の成績によってすべてを評価され，気持ちを汲んでもらうことの少ない子ども時代を過ごしたようであった。

　こうしてあらためて見直してみると，母，継父ともに実の親に気持ちを汲んでもらった経験が乏しく，自分自身の気持ちを大事にするということを意識していない可能性が考えられた。そのため，子育てとは『親がよかれと思うことを子どもにさせることだ』と考えているように思われる。しかし，両親ともに真面目で社会的には適応しており，わが子への思いもあるので，施設や児相との良好な関係を築ければ，サヤカの思いを施設や児相が代弁することを通じて，『子どもの思いを汲むこと』を学んでもらえるだろう。したがって，ゆくゆくは家族の再統合をすることが妥当と思われた。

心理士はアセスメント結果を伝えたいと呼びかけ，山本さん，主任，ミキさんに集まってもらった。サヤカのトラウマ所見を伝えた時点で，主任はすかさず「やはり，帰すべきではないっていうことになるな」と言った。

　心理士：そうですね，帰すのは今ではないです。でも，サヤちゃんの気持ちを尊重しながらにはなりますが，外泊を再開してもいいと思います。
　主任　：本人が嫌がってるのに？
　心理士：サヤちゃんが拒否してるうちはできませんが，サヤちゃんの長い人生を考えれば，親との関係はつないでおいてあげたほうがいいと思うんです。

　そう言うと心理士は両親の成育歴から考えたことを伝え，「ご両親は力のある方々だし，サヤちゃんの送り迎えの機会などを利用して施設と交流するようになれば，そのなかでサヤちゃんの気持ちに気づいてもらい，『子どもの思いを汲む』ことを学んでいってもらうことができると思うんです。主任のおっしゃるように，怖いと思っている人の前では，子どもは本当の気持ちを言えないということにも気づいていってもらえると思います」と説明した。その意見に主任を含め全員が同意し，まずは 28 条措置を更新して，その間にサヤカのケアと両親と施設との関係性の改善を行うという施設の方向性が決まった。
　日本の児童相談所は，子どもの保護と親支援という 2 つの機能を担っている。つまり，"できるだけ家族のもとに返す（家族の再統合）" ということが目指されるので，子どもを親権者から分離して保護する（親権者にとっては "子どもをとられた" という体験となりがち）と同時に，親権者との関係づくり（親支援）も始めなければならず，相反する 2 つの機能を果たすことを求められている。少しずつ変わってきているとはいえ，子どもは親も

とで育つのが一番よいという考えが根強いために親権が強くなり，児童相談所の権限は事実上制限されてしまいがちとなる。そのようななかでの28条措置は"伝家の宝刀"といえる。"家庭裁判所"という第三の機関が介入することで，"親から子どもを取り上げたのは児童相談所ではなく，家庭裁判所"ということになり，児童相談所が保護者との関係を保ちやすくなるのだ。そして家庭裁判所の定めた期間内は，子どもの措置が継続されるのである。

　関係がこじれてから初となる協議の日，山本さんが事前に，施設でのアセスメントの結果を心理士から報告させてもらうと伝えていたこともあり，川田さんも児相の心理士を伴ってやってきた。こわばった表情の川田さんの緊張が，協議の場全体の緊張を高めていた。その空気をとりなすような柔らかい口調で山本さんが会議の始まりを告げ，心理士に自己紹介と報告を求めた。心理士はまず，「サヤちゃんのご両親は力のある方々なので，帰宅は妥当だと考えています」と話し始めた。すると，それまで目も合わそうとしなかった川田さんが顔を上げ興味を示してくれた。「ご両親の成育歴をみたところ，おそらく気持ちを尊重してもらうことなく育った方々だと思うんです。でもすごく真面目だし」と心理士が話すと，「そうなんです」と川田さんが言葉をはさむ。心理士は，「川田さんたちがご両親との関係を大切につくってこられたのに，今回こんなふうにこじれてしまって申し訳ないです。矢面に立っていただいて感謝してます」と伝え，アセスメント結果について説明した。児相の心理士が一時保護の時にとった検査資料を持参しており，それらを参照しながら検証しつつ，会議は和やかに進行した。協議の結果，施設が提示した方針で一致し，児童相談所は28条措置の更新に向けて動き，施設はサヤカの気持ちを尊重することに留意した。ほどなく川田さん同席での両親との外出が始まった。

　夏が終わる頃，サヤカは本当の気持ちを言っても大丈夫だと安心できたようで，家裁の調査官に「まだ帰りたくない」と意思表示したことが

決め手となり，28条措置の更新が決まった．

6 "よろず相談所"の役割

　当たり前だが，心理士にとって「専門性を磨くこと」は大前提である．しかし，どんなに専門的で優れたプレイセラピーやアセスメントができても，専門用語を並べ立てて一方的に押しつけるだけでは生活担当職員には伝わらない．

　では，どうすればいいのか？　伝えるためには，『他職種の職員と仲良くなること』が必要となる．といっても，"馴れ合い"の関係になることではない．心理士にとっては"異文化"となる"生活領域"のことを教えてもらうという姿勢で，相手の文化への興味と尊敬を示しながらやりとりを重ねていくということである．相手の文化を知ることができれば，その文化に馴染みのある言葉に置き換えて，語ることができるようになってくる．他職種との"協働"のためには，心理士としての専門性と，相手との信頼関係が必要不可欠だが，相手の文化を知ろうとせずに，自分の文化を押しつけようとしても伝わるはずはない．信頼関係の構築には，相手の文化を知ろうとする姿勢，生活の様子をまず聞くというありようが大切であるし，こちらの文化（専門性）を相手の言語に翻訳して，共通言語で伝えることを心がける必要があるだろう．

　もう1つ大切なことは，現象に巻き込まれることなく，何が起きているのかを俯瞰し，どこで，いつ，何を，どのように，誰に伝えるかを見極めることである．これが適切にできれば，各々の職員の願いと力が1つにまとまって，物事が好転し始める．"よろず相談所"には，相談事とともにたくさんの情報が集まってくる．心理士はそれらの情報をしかるべき相手に伝え，共有するのである．そうして，それぞれの立場から，一緒にその出来事に取り組んでいく．自分一人でなんとかしなけれ

ばならないと思わなくてよい組織，職員を孤立させない組織づくりもまた，心理士の大切な役割なのである。

7 おわりに

　児童養護施設に携わる者はみな"子どもの幸せ"を願っている。しかし，それぞれの立場からそれを追求するために，時に思いが行き違うことが起きる。そんな時，もつれた糸をほぐして"願いは同じ"であることをみなが思い出せるよう働きかけるために，心理士は，一人ひとりに寄り添いつつ，同時に，全体を俯瞰する存在でありたい。

> **システムMEMO**
>
> 　ある高校生の男の子が学校に行かなくなったとします。母親は「心が疲れているのだから少し休ませたほうがよい」と言います。一方，父親は「このまま休み続けて卒業できなくなったら，仕事にも就けず将来困ることになる。無理やりでもかまわないから登校させるべきだ」と言います。息子にどのようにかかわるか，ということについては，「少し休ませる」vs「無理やりでも登校させる」で両親は真っ向から対立しています。しかし，息子が学校に行かないという事実に関する両親の枠組みはどうでしょう？　母親は「心が疲れている」と枠づけており，父親は「将来困ることになる」と枠づけています。両者の枠組みをよく見てみると，「二人とも息子のことを心配している」といえます。

このように，ある人とある人が対立しているように見えたとしても，そこには同じ目的のための共通する枠組みを見出せるものであり，このような枠組みを見出すことで肯定的な変化につなげることをシステムズアプローチでは「コンセンサスの構成」と呼びます。
　本事例では，サヤカの外泊をめぐって，「これ以上帰宅を阻止できる理由はない」と言う川田さんに対し，主任は「外泊の再開はできない，帰すなんてとんでもない」と主張し，主任と川田さんの関係はこじれてしまっていました。
　そこで，心理士はこの両者の関係の修復を図ります。「やはり，帰すべきではない」という主任に対し「帰すのは今ではないです」とその思いを汲みつつも，両親は成育歴から考えて「子どもの思いを汲むこと」が難しいのではないかという枠組みを提示しました。そのうえで「『子どもの思いを汲む』ことを学んでいってもらうことができると思う」と両親とサヤカの関係をつないでおくことを提案し，主任の同意を得ています。さらに，川田さんに対しても同様に両親の成育歴を説明しながら，両親を「気持ちを尊重してもらうことなく育った方々」と枠づけ，川田さんの同意を得ています。これによって，もともとサヤカの将来を心配していた主任と川田さんのコンセンサスが構成され，それは結果として，施設と児童相談所による支援システムのコンセンサスの構成につながりました。
　心理士は本章で「他職種の職員と仲良くなること」の必要性について論じていますが，ここでなされていることは，心理士が「他職種の職員と仲良くなること」にとどまらず，"最善を模索し合う仲間づくり"を心がけているようです。本事例にお

いて，サヤカが支援対象者であるのは言うまでもないことですが，システムズアプローチの視点に立つと，サヤカを取り巻く関係者，つまり主任や川田さんも支援システムの一員として位置づけられます。そして，この両者の間にコンセンサスを構成するために，心理士が提示した「両親の成育歴から考えてウンヌン……」という新しい枠組みは，主任や川田さんに対して「こちらの文化（専門性）を，相手の言語に翻訳して，共通言語で伝えること」に他ならなかったのだと思います。心理士の言う「心理士としての専門性」も含めて，さまざまな職種による専門性が支援システムを支えているようです。

(木場)

第11章 少年院におけるシステムズアプローチ

法澤直子

1 はじめに

　臨床心理士，および公認心理師として複数の非常勤職をかけもちする働き方をしている筆者にとって，少年院はいつか働いてみたい現場であった。そのことを，その当時お世話になっていた犯罪被害者支援センターの方に話してみたところ，ある少年院に知り合いがいるから尋ねてみるとおっしゃってくださり，その話を聞いた少年院の先生から，一度お会いしましょうと言っていただき，少年院を訪問してお話をさせていただくなかで，現在計画中の研究授業に協力してほしいとの話がまとまり……。こういった流れで筆者はある少年院にかかわるようになっていった。次第に依頼される仕事の幅も広がっていき，研究授業への協力だけではなく，先生方と一緒に通常の授業をしたり，生きていくうえで大切にしてほしいことについてゲストスピーカーとして少年たちに話をしたり，職業講話で心身の自己管理の方法を話したり，職員研修や施設紹介用のDVDの作成に携ることもあった。
　次々と舞い込む依頼にどこまで応えるか，考える時もある。しかし，そもそもなかば自分で自分を売り込むようなかたちでこの少年院にかか

わらせてもらうようになった経緯があり、公式な役割からは少し外れた「外部の専門家」という立場でもあるので、自分にできそうなことは最大限引き受けるようにしている。このように既存のシステムに入り、自分で仕事の枠組みを形取っていく作業は、スクールカウンセラーに代表される学校臨床や、EAP（従業員支援プログラム）に代表される産業分野とも共通している部分が多い。この章では、筆者の少年院におけるシステムズアプローチ実践についてご紹介したい。

2 システムの理解と合流

Ⅰ）少年院での生活

まず、少年院の設置目的や具体的な活動について整理しておきたい。

少年院は法務省の機関であり、家庭裁判所から保護処分として送致された少年の更生を図る施設である。刑務所と大きく異なるのは、刑罰を与えるのではなく、入院する少年（以下、少年）に対する矯正教育を行うことが目的であるという点である。また、社会復帰支援の1つとして、出院後に就職で困らないように、職業指導や就労支援も実施されている。

少年院での一日の流れは規則正しく決められており、少年たちはそれに従って生活する。24時間集団生活を送っており、朝は7時頃に起きて夜9時台には消灯する。少年院の規律および秩序を害する結果を生ずるおそれがある場合、ならびに矯正教育の適切な実施に支障を生ずるおそれがある場合において、その目的を達成するために必要な限度を超えない範囲のなかで、少年間の私語は制限されることとなる。また、少年院の遵守事項におけるルール違反があれば、結果として、出院時期が延びることもある。朝起床し、身支度をしたら夕方まで教育活動を受ける。これには、生活習慣に関するものや、自分の犯した非行の振り返り

や反省，適切な対人関係の築き方，出院後の生活設計などについての指導も含まれる。夕方以降は自己学習やDVD鑑賞などがある。入浴日は週に2〜3回設けられている。

　少年たちは基本的に施設内を統制のとれた行進で集団移動する。授業の開始時，終了時の挨拶や，授業中の返事の仕方も非常に統制がとれている。これは，厳格な規律と生活ルールを身につけさせるなかで，指導を素直に受け入れる姿勢を形成し，教育活動の効果を向上させる目的があるという。また，周囲と協調して行動することの大切さを学ばせる意味も大きい。

　また，少年には必ず個別担任がつく。面接や日記のやりとりを通して，これまでの自分の行動を振り返る。担任との二者関係のなかで，信頼関係を形成したり，葛藤状態を受け止めたり，それを行動の変化に結びつけたりしながら，善悪の判断基準などを身につけていく。

II）システムの理解

　正直なところ，少年院での行進を初めて見た時，筆者が感じたのはある種の驚きだった。その力強い行進や，施設中に響きわたる大きなかけ声にはとても迫力があった。筆者が感じたその驚きや迫力は，この少年たちに何かされるのではないかといったものではなく，法務教官からの指示に基づいて少年たちが行動するという関係が明確に表れている場面に早々に直面したことが大きい。法務教官の先生方の少年たちに対するあたたかいまなざしと，規範を徹底させるかかわりがどのようにして両立しているのか，興味がわいた。

　当たり前だが，少年院には少年がいて，法務教官の先生方がいる。そこに筆者のような外部の人間が定期的に，もしくは不定期にやってきて，かかわりをもつ。また，定められた日課があり，日，週，月，年間といった単位でやるべきことや行事があらかじめ決まっていて，それを軸に活

動する。このように,そのシステムの構成員や構成員同士の関係性,時間の流れ,またその場所が存在する目的,その目的を果たすための細かな計画やその狙い,それに基づいた役割分担などを大まかに把握しながら,システムの理解へとつなげていく。

Ⅲ) システムへの合流

　システムズアプローチを実践していくうえでジョイニングは欠かせない。ジョイニングとは,東 (1) の言葉を借りれば,お仲間に入れていただくことであり,治療がうまくいくための大前提ともいわれている。また,吉川 (2) は,ジョイニングはあくまでもシステムとの接近のための方法であって,そのシステムの評価のための方法ではないと述べている。先ほどの行進の例でいえば,もしも筆者が「一般社会でそんなこと誰もやっていませんよ」などと評価めいたコメントをしたとすれば,お仲間に入れていただくことがなかなか難しくなる可能性があるということである。システムに後から入っていく者は,その場に存在するルールすべてに,意味,理由,背景があることを想像し,その全貌がよくわからなかったとしても,まずは合わせに徹することがシステムへの合流の第一歩となる。

　また,システムへの合流は,一度うまくいったからといって気を抜かないほうがよい。筆者のように現場へ行く頻度が月に1〜2回ということであれば,なおさらである。筆者が直接かかわりをもたない時間のなかで,少年たちは変化しているであろうし,先生方も変化しているであろうし,そこに存在するさまざまな関係性も変化しているであろう。システムは生き物であるという意識をもち,毎回,適度な慎重さをもってシステムへの合流を図っている。

3 システムのなかで機能するために

　システムのなかで機能するためには，少年院側の筆者に対する期待を把握しなければならない。筆者が介入することで，どうなったらよいと考えているのか，また立ち入ってほしくない領域はどのあたりなのか。ここからは，少年院での実際のやりとり（個人が特定できないよう，趣旨が損なわれない範囲で改変）を見ながら，システムのなかで機能するための工夫について解説していきたい。なお，会話中は筆者を Th（セラピスト）と記す。

Ｉ）関係性を固定化させない

法務教官Ａ：次回，先生に入っていただく授業はセッション10です。（テキストを見せながら）内容はこんな感じです。

Th　　　：あー，なるほど。どんな感じで進めます？

法務教官Ａ：前半は概要説明なので，Ｂ先生に進めてもらいましょう。後半のワークの部分を先生にお願いしてもいいですか？

Th　　　：わかりました。じゃあ，何かワークで使えそうな資料を作ってきましょうかね。

法務教官Ａ：んー。（恐る恐る）先生にはこの１回の授業のためにあんまり時間をかけて準備をしてほしくないんです。これまでにどこかで使った資料が，この授業でも使えそうとか，そのくらいの感覚でいいです。

Th　　　：あー，なるほど。あんまり張り切らないほうがいいのかな？

法務教官Ａ：そうですね。（恐る恐る）とくにこの授業の主体は，少年と職員であって，そこに外部の方に入っていただいて，新しい視点をいただくというイメージですので……。

Th　　　　　：わかりました。そう言ってもらえると、自分の役割がはっきりするから助かります。言いにくいことなのに言ってくださってありがとうございます。

　これは、法務教官Ａが、内容的に言いにくいことを筆者の気を損ねないように恐る恐る伝えているところである。法務教官Ａにしてみれば、筆者の好意を断るという場面であり、緊張感が高まったに違いない。ただ筆者からしてみれば、こうしたやりとりは少年院側の期待を把握できる絶好の機会であり、こういったことを言ってくれるのは素直にありがたい。また、緊張感の高まる会話ができるということには、関係性の健全さを維持する役目があるとも思う。外部の専門家だからといって、こちらの言うことをただただ聞かせるような高圧的な態度は、相手の依存を強めるか、不満を募らせるか、使い勝手が悪いと見切りをつけられる結果となるかのいずれかであろう。専門家であっても、常にアップポジションというわけではないことをお互いが認識しておくべきである。
　この場面で筆者が考えていたことは、こういった緊張感の高まる話題を持ち出してもらえる関係性を今後も維持するためにはどうしたらいいだろう、ということであった。ここでは、筆者は感謝の気持ちを(いつも以上に)丁寧に伝え、「こういう話は助かります」ということをありのまま伝えている。

Ⅱ）属性のすべてを活用する

Th　　　　　：少年院を出院した後、一番心配なことは何かな？
少年Ａ　　　：出院後は地元に戻るんですけど、地元にはここにくる前に一緒に悪さをしていた先輩たちがいて。また一緒に遊ぼうって誘われた時に、うまく断れるかなあって。
Th　　　　　：断ったらいいじゃない。

少年A：いやー，言うほど簡単じゃないんですよ。誘いを断れば，怖い思いをすることもあるし。
Th　：そうなんだ。
少年A：その怖さに負けるのはダメだとわかってはいるんですけど，「もういいや」って諦めてしまって，また一緒に悪いことをしてしまいそうな気もして。先輩たちって本当に怖いんですよー。
Th　：あのさ，そんなことしてたらいつまでたってもモテないよ！
少年A：（苦笑い）
Th　：ほとんどの女子は，しっかり仕事して，自分で生計を立てて，悪い誘いは断って，頼りになるなって思える人が好きなんだから。せっかくイケメンなのに，もったいない！
少年A：（笑いながら）でも実際，昔は悪いこともしていたけど，今はちゃんと仕事して，結婚して，自分の子どもをすごく可愛がってる先輩がいるんですよ。その人を見ていると，いつか自分もこういうふうになりたいって思うことはあります。
Th　：身近にモデルになりそうな人がいるじゃない！
少年A：そうですね。そういう人とのつながりは大事にしたいなって思います。

　これは，面談のなかでいろいろと話をしているうちに，少年が今まであまり話さなかった自分の理想像について言及した場面である。ジェンダーへの考え方が多様化するなかで，このような会話は厳密にいえばNGなのかもしれない。ただ，同じ内容でも，それを言われる相手次第でインパクトが変わることもある。こういった内容を筆者から言われたことで，より刺激感が増し，この会話の展開につながった可能性もある。筆者の属性（30代，女性，心理の専門家，たまに少年院にくる人，生活をともにしない人）のどれがこの少年にヒットしたのかはっきりとはわからないが，会話を

膨らませたり，広げたりするためには，属性すべてが利用可能であるという考えももっておきたい。

大事なことは，何らかの刺激によって少年の反応が引き出されることであり，それを彼らの新たな一面を知ることにつなげることである。ただし刺激が強すぎると，こちらが想定している以上の反応を引き出してしまい，収集に時間がかかることもあるので，刺激の安全性を心がけることも大切である。

Ⅲ）自身の行動の妥当性を検証すること

【授業の最後に】
法務教官Ｃ：何もなければこれで終わろうと思いますが，（Thを見ながら）最後に何かありませんか？
Th　　　：（少年たちを見ながら）では，最後に大事なことを話します。今日の授業は，他の人の意見を聞いて，自分の考えを確認したり，他人との違いを感じたりするということが目的でしたので，いろんな意見が出やすいように雰囲気を緩めながら授業を進めました。でも，この雰囲気を寮生活に持ち込むと，どうなりますか？　少年院で定められている遵守事項に違反してしまう可能性もありますね。少し緩んだこの雰囲気はここでいったん区切りましょう。気持ちを切り替えて寮に戻ってください。以上です。
法務教官Ｃ：はい，姿勢を正して，礼。
Th　　　：ありがとうございました。

【授業後】
法務教官Ｃ：ありがとうございました。最後の話，言ってもらってよかったです。自分が言うべきだったのに，すっかり忘れ

　　　　　てました。
　Th　　：ごめんね，内容的に言っておいたほうがいいだろうと思ったんで，私が言っちゃったんだけど,先生の仕事取っちゃったね？
　法務教官Ｃ：いやいや，助かりました。ありがとうございます。

　ここで筆者が説明した授業後の態度については，以前別の法務教官と授業をした際には，その法務教官が少年たちに伝えていた。しかしこの時は，法務教官Ｃが伝え忘れていることに筆者が気づき，筆者が代行するようなかたちで少年たちに話をしている場面である。ここで大事なことは，法務教官がこのような筆者の行動についてどう感じたかを確認し，次に似たような場面があった時にも同じ方法をとってよいのかを検証することである。余計なことをしてくれたと迷惑そうにしているのか，そうでもないのか。この場合は，法務教官Ｃは筆者の行動に対しとくに迷惑がる様子もなさそうなので，この補い合い方でOKなのだなと解釈した。このように，検証作業をすることで次からの自分の取るべき行動がわかりやすくなると考えている。

4　システムズアプローチには何ができるのか

１）見方，捉え方を広げる

　以下は，「被害者の方への謝罪」をテーマに，少年，法務教官Ｄ（担任ではない），筆者の３人で面談をしている場面である。法務教官Ｄが少年に対し筆者を紹介し，ある程度場が和んだことを確認しつつ，本題に入ろうとしている場面である。

Th	：そろそろ今日のテーマについて話をしていきたいんだけど，現時点で，被害者の方への謝罪について，どんなことを考えているのか，教えてもらってもいい？
少年B	：はい。自分は被害者の方に直接謝りたいんです。だけど被害者の方は，自分に会いたくない，顔も見たくないと言っているらしくて。でも，謝罪をしないままだと自分の気持ちもスッキリしないままだし。どうしようかと思っています。
Th	：そういう状況なんだね。ちょっと嫌な言い方をさせてもらってもいいかな？　謝罪は，自分の気持ちをスッキリさせるためにしたいってこと？
少年B	：（少し沈黙）最初はその気持ちがほとんどでした。だけど，そのことを担任の先生にも指摘されて，それじゃダメだなって思ったんです。謝罪の考え方すら，自分本位だったなって。
法務教官D	：（うなずきながら）そういう話をしたってことを，担任の先生からも聞いているよ。
少年B	：はい。ちょうど1ヵ月くらい前だったかな。そういう話をしました。
Th	：そうだったんだね。ということは，担任の先生からの指摘で自分のそういう面に気づいたってこと？
少年B	：はい，そうです。ただ……（言いにくそうに）そうであったとしても，やっぱり，謝罪をしたいという思いは完全にはなくならなくて。今，自分のなかのいろんな気持ちと戦っています。
Th	：そうかそうか。そういう自分の今の状況を観察できているね。それができるようになったのは，いつ頃からなの？
少年B	：ここ最近です。

法務教官 D：（少年と Th を見ながら）たしかに，最近生活態度がよくなったって，他の先生たちも言ってるもんな。
Th　　　：（法務教官のほうを見ながら）そうなんですね。（少年と法務教官を見ながら）初対面の私に対してすごく礼儀正しく話してくれるから，最初からそういうタイプなのかと思ってたけど，そうじゃなかったんだね。
法務教官 D：（Th を見て，ニコニコしながら）最初の頃は全然ですよ。（少年のほうを見ながら）何かもっとイライラしてたよな。
少年 B　　：（照れたように）そうですね。やっぱり，いろんな授業を受けたり，先生たちと話したりするなかで，考え方もちょっとずつ変わってきて。自分のことを前よりも冷静にみられるようになってきたと思います。
法務教官 D：嬉しそうだな。
Th　　　：褒められると照れるよね。
少年 B　　：はい。あんまり褒められたことがないから，どうしていいかわからないです。
法務教官 D：はははは。（照れたように笑う）

　この少年 B の状況をまとめると，「被害者の方がいて，自分は謝罪をしたいと考えているが，相手はそれを求めていない。しかし，それでは自分の気持ちが収まらない。この状況に対してどうすべきかを悩んでいる」ということになろう。また話のなかで，「自身がよい変化をしているという評価を受けている情報に接し，嬉しそうにしている」こともわかる。
　この面談で筆者が行っていることは，大きく3つである。1つめは，少年 B に自身の現状を言葉で人に伝えることに挑戦してもらうこと。2つめは，その様子を普段生活をともにする法務教官 D にも見てもらうことで，法務教官 D の少年 B への見方を広げること。3つめは，その

場での法務教官Dの反応を活用して，少年Bのものの見方をより広げることである。この3点を達成できれば，この状況にかかわる人たちの現状の捉え方が，よりクリアになると考えた。

Ⅱ) 広がった見え方を波及させる

以下は，この面接後の法務教官D先生と筆者との会話である。

法務教官D：今日はありがとうございました。
Th　　　：こちらこそありがとうございました。面談，あんな感じでよかったですかね？
法務教官D：はい，Bが謝罪について意外としっかり考えていることがわかりました。結論はどうなるかわかりませんが，自分の葛藤している気持ちを言葉にして面談の場で落ち着いて話すことができるというだけで，彼の変化を感じます。
Th　　　：表情もよかったですよね。
法務教官D：そうですね。あんな嬉しそうにされると，こっちもついつい頬が緩んじゃいますね。担任の先生や，寮の先生たちにも，今日の面談の様子を私から伝えておきます。

面談の場面での少年Bの様子を共有することで，法務教官Dの少年Bへの印象は，「何か変化したっぽい」から「やっぱり変化していた」へと変わったかもしれない。そしてそれが，他の先生方との間でまた話題になれば，関係する先生方の少年Bへの見え方もさらに変化するであろう。

実際のところ，このような会話は，筆者がいなくても少年院生活のどこかで展開されるのかもしれない。ただ，こういった循環を作ることを

意識する人が一人でもいることで，そこにいる人たち物事の見え方，捉え方がスムーズに広がるのであれば，少しは役に立てているようにも思う。システムズアプローチならではの考え方である。

5 少年院におけるシステムズアプローチ

　人は人に影響を受けずにはいられない。一人の少年の変化が，他の少年の変化を引き出すこともあるだろうし，ある先生の変化を引き出すこともあるだろう。筆者自身も知らず知らずのうちに少年や法務教官から変化を引き出されているかもしれない。その組み合わせは無限大であるとも感じる。

　つまるところ筆者は，そのシステムにかかわる人たちのコミュニケーションが活性化し，それぞれの見え方が広がることで，システム全体がクリアになり，流れがスムーズになることに，少しでも貢献できればと考え，活動しているように思う。

　「あの人がくると，何かいい」「あの人には，他の人に言いにくいことも言いやすい」，そう思ってもらえるように，日々変化するシステムを見立て，自分に求められているであろう役割を理解し，対応し，これでいいのか検証していく。単純なようであるが，この繰り返しが，私の少年院でのシステムズアプローチ実践である。

システム MEMO

　「ダウン・ポジション」について，本書の第2章では「専門性を留保しようとする態度」と説明されており，「パ

ワーや権力に晒されて力を失っている支援対象者とフィットするかもしれません」と述べられています。たしかに，ダウン・ポジションは支援対象者が「パワーや権力に晒されて力を失っている」という状況において奏功しやすいように思いますが，ダウン・ポジションがその効力を発揮する状況は，これ以外にもあるように思います。その1つが本章で示されている，支援者が「非常勤職」「外部の専門家」である状況，なのではないでしょうか。

　法務教官Aは「外部の専門家」であるセラピストの好意を断る際に，セラピストの「気を損ねないように恐る恐る」その旨を伝えました。それに対してセラピストは，「専門家」としてアップ・ポジションから応じるのではなく，「感謝の気持ちを(いつも以上に)丁寧に伝え」ています。あくまで私は「外部の」人間ですから邪魔はしませんよ，というセラピストの配慮を感じるやりとりです。

　少年Aとのやりとりでは，「そんなことしてたらいつまでたってもモテないよ！」とお説教とも捉えられる言葉を投げかけており，一見アップ・ポジションに立っているようにも見えます。しかし，これに関する考察としては「たまに少年院にくる人」というセラピストの「属性」が奏功した可能性が述べられており，支援対象者と「非常勤職」であるセラピスト自身とのかかわり方に細心の注意を払っていることが見て取れます。会話の内容（コンテンツ）だけ注目するとざっくばらんな会話という印象も受けますが，会話の状況（コンテクスト）に対して細心の注意を払っていることから，常日頃ダウン・ポジションを意識していることがうかがえます。

授業において伝えるべき内容を法務教官Cが伝え忘れてしまった場面において，セラピストは法務教官の代行を果たしつつも，その直後に法務教官に対して「ごめんね」と謝っています。結果的に法務教官Cは感謝の弁を述べているので，悪いことをしたというわけではなかった（少なくとも法務教官Cはそのように感じた）ようですが，ここでの「ごめんね」には，私はあくまで「代行」という自分の立場をわきまえていますよ，というメッセージが込められているように感じます。
　少年Bと法務教官Dとの面談では，少年Bに自身の肯定的な変化を語らせ，その様子を法務教官Dに見せています。さらに，面談後には法務教官Dが「担任の先生や，寮の先生たちにも，今日の面談の様子を自分から伝えておきます」と語っています。相互作用に着目すると，セラピストと少年Bと法務教官Dと間で生じたコミュニケーションが，面談後の法務教官Dと担任の先生・寮の先生とのコミュニケーションに影響を与えるという点で，これはシステムズアプローチに他ならないわけですが，もう1点見落としてはならない点があるように思います。それは，セラピストが非常勤職であり，常にこの少年院にいるわけではない（それどころか，月に1～2回しか行かない），つまり，いつどんな時にでもアプローチできる立場ではないということです。非常勤職であるセラピストがかかわることで生じたコミュニケーションが，セラピストが不在となった後のコミュニケーションにも影響を与えるということは，セラピストが勤務していない時間帯（それがほとんどの時間帯なわけですが）までも視野に入れたアプローチである，といえると思います。
　「非常勤職」だから，「外部の専門家」だからこそ，邪魔をせず，

かかわり方に細心の注意を払い，立場をわきまえながら，自身が不在の時間帯までも視野に入れる――ここには，ダウン・ポジションの妙を感じざるを得ません。

(木場)

第12章 どうしてここに来たのかな？
私設心理相談におけるニーズをめぐる考察

安江高子

1 はじめに

　なぜその人は，ほかでもない，私設心理相談のオフィスにやって来たのか。そんな問いから始めてみたい。

　私たちはりんごが欲しければ，青果店やスーパーマーケットに行く。お金を両替したければ銀行に行くし，歯痛を治してもらいたければ歯医者に行く。私たちがどこかに行くのは，そこで望むものが得られるからだ。つまり，行き先を選ぶ行為には，その人のニーズがすでに含まれている。

　困りごとの相談先として，私設心理相談機関を選ぶという行為にも，その人のニーズが含まれていると考えることができる。私設心理相談機関，とくに筆者の所属先のように，特定の療法や支援対象への専門性を謳っているわけではない施設を訪れる人々の相談内容は，実にさまざまだ。「やる気が出ない」「学校に行けない」「仕事がつらい」「自分に自信がもてない」「夫婦仲が悪い」「子どもへの接し方がわからない」等々。しかし，それらの多くは，他の施設でも相談できる。精神的な症状に関することなら，精神科や心療内科などの医療機関が思い浮かぶ。学校生

活にかかわることならスクールカウンセラーがおり，各地域に教育相談所もある。働く人には産業医や従業員支援プログラムが，子育てや家庭のことで悩む人には自治体の相談窓口や児童相談所がある。困りごとの内容に直結し，費用もかからない相談先が日常生活の延長線上に存在するにもかかわらず，なぜ彼ら彼女は，わざわざ私設心理相談機関を選んだのだろうか。

たとえば，ある母親が相談にやってくる。「子どもが学校に行けなくなった」という。登校再開を望むなら，スクールカウンセラーに相談するほうがスムーズではないか。セラピストが不思議に思いつつあれこれ話し込むうちに，やがて母親は，彼女自身が厳しい両親のもとで育ったこと，わが子にも完璧さを求めてしまうこと，それが子どもを苦しめているであろうことを，ためらいがちに語り始める。ああ，そうかと，ようやくセラピストにも合点がゆく。この人は，母である以前の自分自身について，言葉にできる場所を求めていたのだろう，だからここを選んだのだろう，と。

私設心理相談ならではの意義として，「自身の内面にじっくりと向き合える」といった特色が挙げられることもある。一方で，私設心理相談における来談者のニーズとは，「ほかの相談領域では得られない何か」としてしか，捉えようがないところもある。いわば否定形のニーズである。「学校心理相談では得られない何か」「医療的ケアでは得られない何か」等。「○○ではない何か」の領域は，広大だ。「○○で得られること」以外の，あらゆる事柄が含まれるのだから。そこからよりはっきりと，具体的なニーズを探るのは，セラピストにとって一仕事だ。「何をお望みですか」と直接的に質問しても，明瞭な答えが返ってくるとは限らない。まして，来談者が複数になれば，事はより複雑だ。一人ひとりのニーズが異なることを察知しつつ，問題解決に向けて一致団結して進める道筋を探っていく。セラピストの力量が問われる局面だろう。

以下，事例を通じて，私設心理相談における来談者のニーズについて，

システム論の見地から引き続き検討したい（事例は仮名であり，経過の詳細にはプライヴァシーを保護するうえで必要な変更を加えている）。

2 事例

　30代の主婦，沢村玲さんから相談の申し込みがあったのは，木枯らしが吹き始めた晩秋のこと。面接申し込み用紙には「兄に対する幼い頃からの思いが，先日，発作として現れました。兄の話をするだけで過呼吸になってしまうため，どうすればいいか相談させてください」とある。この相談室のことは，インターネットで調べて知ったようだ。

　待合室にセラピストが迎えにいくと，玲さんはスッと立ち上がり「よろしくお願いします」と丁寧にお辞儀した。すらりとした長身にショートカットの黒髪がよく似合い，涼やかな空気をまとっている。セラピストより7～8歳も年下だが，大変しっかりして見える。玲さんの一歩後ろには，ツイードのジャケットを着こなし，柔和な物腰の父親。同じくおしゃれに装い，小柄でほっそりとした母親は，小声で少し疲れた表情にも見える。セラピストは「なんだか素敵なご家族だな」という第一印象を受けた。幸先のよい兆候だ。ほんのちょっとしたことでも，セラピストが来談者をよく思えると，面接は往々にしてよい方向に進みやすくなるものだ。

I）初回面接

　まずは玲さんが，これまでの事情を話し始めた。来談の数日前，玲さんは幼い娘を連れて実家に遊びに来ていた時に，過呼吸状態になった。ちょうど，離れて住む玲さんの兄と母親とが，電話で兄の結婚祝いについて話している最中だった。玲さんはそばで聞いていたが，しばらく思

い出すこともなかった子どもの頃の記憶が, 不意に蘇ったのだ。当時, 兄は精神的に不安定で, 玲さんはたびたび脅されては, 母親の財布からお金を抜き取るなどの「悪いこと」を強いられた。殴られたり蹴られたりも日常的だった。また, 玲さんは兄が母親に暴力を振るう姿も頻繁に目にした。これらの記憶が雪崩のように玲さんに押し寄せ, 気がつくと過呼吸になっていたという。その後も兄への強い嫌悪感が続き, 何もないのに涙が出てしまう。「兄の姿を見ないですめば普通に生活できると思いますが, 兄も結婚し, 実家との行き来も増えればそうばかりもしていられないので, どうしたらいいか相談したくて来たんです」と玲さん。

相談に「一緒に行こう」と進んで言ってくれた両親には「心境を手紙で伝えた」と玲さんが言うと, 父親は胸元からその手紙を取り出し, セラピストに差し出した。手紙には, 玲さんが兄にどんな仕打ちを受けてきたか, 兄を憎む気持ちがどれほどか, 切々と綴られていた。また, 「家族のなかで自分だけが, いまだに兄を許せなくて申し訳ない」ともあった。セラピストが「お手紙を読まれて, お父様, お母様はどう思われましたか？」と尋ねると, 母親は「息子がこの子にも手をあげていたのは知っていましたが, 今でもこんなに嫌悪感が残っているとは知りませんでした」と, 眉間にしわを寄せた。父親も同意するようにうなずく。玲さんは, 暴力を受けていた当時も数年間は黙って我慢していたようだ。両親にばらさないよう, 兄から脅されていたためもあったが, 何より, ただでさえ兄のことで苦労が絶えない両親に, 自分のことでまで心配をかけてはならないと感じていたからだった (以下, Th ＝セラピスト, 筆者)。

Th: ご両親想いなんですね。お兄さんを許せなくて「申し訳ない」とおっしゃるのも, うなずけますね。
父: こうなるまで, まったく気づきませんでしたからね。母親への暴力はずいぶんひどかったんですが, この子にもそれほどだったとは……。

母：息子はようやく落ち着いたら，今度は結婚すると言い出して。親としては到底許せない結婚ですが，本人がすると言ってきかないものはどうしようもなくて。そういうなかでの，この子の発作だったんです。

玲：兄の結婚を，母は「絶対に許さない」と言っていました。でも，だんだんと「仕方ない」と変わってきて。家族みな気持ちが変わってきているのに，自分だけが我を張って，家族の流れを止めてしまっているかもしれないと思って（涙）。

Th：（両親に）玲さんが我を張っているということなんですか？

母：私も，今でも許せる気持ちにはなれません。でも，大人同士のことですし，諦めるしかないと思うようになって。それで，この子はますます「自分だけ」という思いが強くなったのではないかと思うんです。

父：（うん，うんとうなずく）

　ここにきて，玲さんは完全にうつむいてしまった。セラピストには，会話がどこか噛み合っていないように思われた。玲さんは「両親に申し訳ない」という思いを，手紙でも言葉でも伝えている。セラピストには，それはあたかも玲さんが「いまだに兄を許せない私を，あなた方はどう思うのか」と，両親に問いかけているようにも思えた。セラピストは両親に返答を促したが，玲さんの問いに明確に答える言葉は出てこない。玲さんがうつむき黙る様子からは，「やはり両親は私をわがままだと思っているのか？」という疑念と罪悪感がにじみ出ているように，セラピストには思われた。

　また，セラピストには疑問もわいてきた。両親は，なぜ玲さんの問いに正面から答えないのだろう。あえて答えないのか，それとも答えていないことに気づいていないのか，どちらだろうか。実は，「娘はわがまま」「面倒なことになった」とでも感じているのだろうか。あるいは，

娘が両親に罪悪感を抱くなどとは，思いもよらないのか。はたまた，両親も娘への罪悪感で一杯で，娘を慮る余裕がないのだろうか。

　セラピストは混乱してきた。これはもう，いくら考えてもわからないし，今までと同じ調子で質問していては，先に進まない。そう思い直したセラピストは，思い切って尋ねてみた。

　　Th: お父様，お母様，不躾な質問でごめんなさい。玲さんが，お兄さんへの嫌悪感を自分だけで抱え込んで苦しむのではなくて，こうしてご両親にもわかって，あの，よかった……ですよね？

　両親は，いったいどう答えるだろう。玲さんをもっと苦しめることになりはしないか。もしそうなったら，自分はその後の面接をよい方向に進めることが，できるのだろうか。疑問と不安を抱えながらのセラピストの問いかけは自信なく，ぎこちなかった。

　　父：(驚いたように) それはもう，もちろん。
　　母：ええ，ええ。
　　Th:(少しほっとして) ああ，やっぱり。ねえ，そうですよね。

　玲さんは突然，堪え切れなくなったかのように鋭いうめき声を漏らした。そして，しゃくりあげながら泣き出した。

　　Th: 玲さん？
　　玲：本当かなって……。本心ではどう思っていても，私の前では「よかった」って言うと思うから。
　　Th:(両親に) あら，いまひとつ信じてもらえていないようですね。
　　父：(笑) 昔から，親のことをとても考えてくれる子でね。就職にしてもね，「この仕事ではきっと両親が心配するだろう」というこ

とで，やりたかった仕事を諦めたくらいで。
母：（うん，うんとうなずく）
Th：本当に，親孝行なんですね。
父：親を超えていると思います。息子にも，ずっと我慢して会っていたんじゃないか。

　玲さんは，これまでも兄に会うのは嫌でたまらなかったと告白し，「家族としての生活を思うと，会っても負担を感じなくなれればいいけれど……」と逡巡した。

Th：（父親に）もしかして今，玲さんの「親孝行」が顔をのぞかせていますかしら？
父：本当は，縁を切りたいって気持ちがあるんじゃないの？
玲：それは無理だと思うし……。
Th：（父親に）無理なんです？
父：我々の存在を考えるから，じゃないの？
玲：……「私が円満にできれば」って思いはあると思う。
父：（大きくうなずき）やっぱりね。
母：（父親と同じようにうなずいている）

　父親は玲さんに優しく目を向け，玲さんは「兄も両親にとってはわが子だ」と，そこまで気遣う子だと述べた。母親も，今や母となり幸せな家庭を築いている玲さんが，「守りたいものができたぶん，兄からの危害が子どもや夫にまで及ぶのではと，より大きな恐怖を感じているだろう」と，力を込めて玲さんを思いやった。玲さんはうん，うんとうなずき，両親の言葉に耳を傾けた。
　面接終盤，玲さんは「どうなれるといいか，まだよくわからない」と言いつつ，表情や態度はだいぶ落ち着いていた。セラピストは，すぐに

は答えが出なくても無理はないと伝え，じっくり考えるよう勧めた。また，両親には，「どうなれるといいか」を玲さんが考えるにあたり，今後もちょくちょく「親孝行」が頭をもたげそうで心配だと伝えた。そして，「玲さんが『親孝行』を発揮していないかどうかを気にかけ，『我慢しなくてよい』と安心させてあげてほしい」とお願いした。両親は快諾。両脇から玲さんを守りいたわるかのように，面接室を後にした。

Ⅱ）第2回〜第3回面接

　第2回面接でも，玲さんは「自分がどうしたいか，まだわからない」と考え中だったが，両親の様子は一変していた。両親は揃って「会いたくないものは会わなくてよい」というスタンスを前面に打ち出した。とくに父親は「我々も息子と縁を切ってもかまわない」ときっぱり言い切り，玲さんを驚かせた。また，初回面接後に両親は息子に連絡し，兄に対する玲さんの思いを代弁していた。兄はうろたえ，「申し訳ありませんでした」とかしこまって謝罪したという。それを両親から伝え聞いた玲さんは，「兄も昔とは違うのかもしれない」と感じたそうだ。
　第3回面接で玲さんは，「兄に会っても大丈夫な気がしている」「でも，会おうと自然に思えるまで無理をせず，気持ちの流れに任せたい」と，すっきりした様子で述べた。両親も玲さんの意向に賛同し，面接終結となった。

3　考察

Ⅰ）来談者のニーズについて

　事前に玲さんが記入した相談内容には「兄の話をするだけで過呼吸に

なってしまうため，どうすればいいか相談したい」とあった。また，面接開始直後にも玲さんは，兄への嫌悪感が続くなかで「自分はどうしたらいいのか知りたい」と述べた。玲さんの「どうすればいいか」という言葉について，症状や嫌悪感への対処を知りたいのだと捉えることも可能かもしれない。しかし，もしそうなら，なぜ玲さんは相談先として私設心理相談機関を選んだのか。精神症状への対処ということなら，精神科などの医療機関をあたってもよさそうなものだ。しかも玲さんには，実家の両親が付き添っていた。娘を心配してのことだとしても，既婚女性の相談に実父母が同席するのは比較的珍しく，なぜだろうという疑問がセラピストに生じる。このような主訴で，この3人が揃って私設心理相談機関を訪れている現象そのものが，単に「症状への対処を知りたい」というニーズではない可能性を指し示しているように，セラピストには思われた。

　両親への罪悪感について，玲さんは当初一切口にせず，「手紙で心境を伝えた」と触れるにとどまった。セラピストが水を向けると，初めて玲さんは「自分だけが我を張って，家族の流れを止めてしまっている」と，感情を込めた強い口調で語り始めた。もしかすると，玲さんはこの段になってようやく，両親への罪悪感について「この場で話題にしても大丈夫」という感触を得たのかもしれない。面接開始当初の抑制的な態度から一転し，「両親への申し訳なさ」を涙ながらに訴える玲さん。セラピストは，玲さんの言う「どうすればいいか」とは，「両親への申し訳なさをどうすればいいか」ということではないかと，理解するようになった。

　専門的見地からすれば，兄妹間の性暴力の可能性や，その影響によるトラウマ反応の可能性などが思い浮かぶかもしれない。しかし玲さんには，そういった内容への言及を望む気配すらなかった。システムズアプローチでは，来談者の意向を努めて尊重し，面接の展開に活用しようとする。とりわけ，来談者とセラピストとの良好な関係形成に注力すべき

面接の初期段階において，来談者の求めない事柄にセラピストが不用意に踏み込むのは悪手である。ましてや，今回の相談をみずから望んだ，主たる「お客様」である玲さんのニーズは，セラピストにとって最大限に尊重すべきポイントだ。玲さんが「両親への申し訳なさをどうすればいいか」と悩み苦しんでいるなら，その苦しみが軽くなることをまずは目指すのが，セラピストの定石といえるだろう。

Ⅱ）ニーズの「活用」について

さて，玲さんの「両親への申し訳なさ」をどうにかしようとするなら，シンプルなのは両親に協力してもらう方法だろう。初回面接でセラピストは両親に，「手紙を読んでどう思われました？」「（玲さんが）お兄さんを許せなくて『申し訳ない』とおっしゃるのも，うなずけますね」「玲さんが我を張っているということなんですか？」と尋ねた。面接に進んで一緒に来るほどの両親であれば，おそらく「申し訳なく思う必要などない」と感じており，それを表明するだろうと期待したためだ。しかし，手を替え品を替え3度問いかけたにもかかわらず，両親から明確な返答はなかった。ここでの支援システムのパターンを，下記のように描くこともできるだろう。

Th　　：「玲さんの嫌悪感が明らかになったこと」に関する両親の心境を尋ねる
　　　　　　↓
父母　　：曖昧な返答をする
　　　　　　↓
玲さん　：罪悪感を示す

ここにきてセラピストはようやく，両親に心境を尋ねるのをやめた。

代わりに，「(兄に対する玲さんの嫌悪感が) わかってよかったですよね？」と，セラピストのほうから両親に投げかけた。この質問のあたりから，両親は玲さんの嫌悪感をより積極的に肯定するようになり，玲さんも兄への嫌悪感や恐怖について，より率直に口にするようになった。両親と玲さんの協力体制が動き出し，スムーズに面接終結まで進んだ感がある。

先述の支援システムのパターンを参照すれば，セラピストの「わかってよかったですよね？」の質問は，支援システムの悪循環を想定し，悪循環を良循環に変更できるよう，セラピストの言動を意図的に修正したものとして説明できる。しかし，セラピストの実感は異なった。3度まで重ねて心境を尋ねても，両親は曖昧な答えしか返さなかった。それを思えば，「わかってよかったですよね？」と一歩踏み込んだ言い方をしたところで，両親がどう反応するか，また両親の反応が玲さんにどう影響するか，セラピストには見当がつかなかったのが実情である。場合によっては，玲さんが取り乱すような展開になる可能性もあっただろう。セラピストにとって，自分の言動が支援システムにどう影響するかわからないまま行動するのは，不確かな賭けに出るような，とても怖いことだった。だが，堂々めぐりの支援システムの現状から抜け出すことを優先するなら，先行きが見えなくとも，セラピストが今までとは異なる言動をともかく試してみるほかなかった。

ここで，セラピストが感じた「怖さ」を梃子に振り返ると，言語システム論における不確実性 (uncertainties) に思い当たる (1) (2)。いわく，セラピストは来談者との会話において，これまでとは異なる説明や意味が生じるよう対話を促進する役割を担うが，会話の方向性を一方的に決めることはできない。また，セラピストの発話や行為，思考はその時々の来談者との会話をもとにその都度形成されるもので，あらかじめどうすべきかを知りえない。だからこそ，セラピストには不安が伴い，会話の影響を受けてセラピスト自身も変化するリスクを負うとされる。本面接では，両親の反応や玲さんへの影響が予測できない不安とともに，セラ

ピストが「わかってよかったですよね？」という質問を発した。その後，玲さんの嫌悪感を肯定的に意味づける会話が展開したが，そうなることをセラピストはあらかじめ予測できたわけではなかった。このような説明が，セラピストの実感に近い。

　言語システム論においては，会話を促進するセラピストの指針としてNot-knowing (1) (3) が示されているが，本面接では来談者のニーズを「活用」しようとする志向が，セラピストを助けたと考えられる。辞書を引けば「消費者のニーズ」などと例示されるように，ニーズとは通常，個人が内に携える要求や欠乏を指す。しかし，本面接でセラピストが捉えた「両親への申し訳なさをどうすればいいか」という玲さんのニーズは，あくまでも来談者たちとのやりとりを通じて，セラピストの内に生じた「セラピストの理解」である。ニーズを来談者の内にあるものとすれば，セラピストは要求や欠乏を満たし，ニーズに「応える」よう方向づけられる。セラピストが「玲さんの嫌悪感が明らかになったこと」に関する心境を両親に何度も尋ね，玲さんが安心する回答を期待したのは，ニーズに「応える」ことを試みていたといえる。一方，ニーズを「セラピストの理解」とすれば，その理解を「活用」する道が開ける。来談者がどう反応しようと，そこでさらに生じる「セラピストの理解」を「活用」し，次のコミュニケーションにつなげていけばよいのだと，考えることができるからだ。セラピストは「わかってよかったですよね？」と両親に問うほかにも，「玲さんが申し訳なさで一杯なのを，ご両親はどうにもしようがないのですか？」と尋ねることも，玲さんに「どんなことから，ご両親が『娘はわがままだ』と思っているとわかるのですか？」と聞くことも，できたかもしれない。たとえ玲さんが取り乱すようなことになっても，両親に「玲さんの声にならない声が何を言いたいのか，教えていただけますか？」と質問できるかもしれない。セラピストの選択肢は格段に増える。それはまた，面接の展開可能性が広がることと同意だろう。

4　おわりに

　あらためて，私設心理相談とは，来談者のニーズにことさら敏感にならざるをえない領域と感じる。1つには，比較的高額な支払いが生じることが影響しているだろう。来談者の手から現金を受け取るたび，それに見合う価値ある援助が自分にはできたのかという疑問に，私設心理相談のセラピストは直面する。

　日々の食材を買うにつけ，映画を観に行くにつけ，「このお金は来談者からいただいたものだ」という思いが，セラピストの頭をよぎる。「人の悩みが飯の種 (4)」とは，先達によるそのものずばりの箴言だ。自分を生かす存在への感謝を直に感じること，そして，力量不足への反省と罪悪感が日常生活の隅々に生々しく息づくことも，私設心理相談の醍醐味といえば，そうかもしれない。

> **システムMEMO**
>
> **本**事例には，予測と制御という科学的スタンスの際（きわ）が描かれている，そんな気がします。人間対人間のやりとりは，どんなに科学的根拠に依拠しようとも予測しきれないところがありますし，また自律的な生を確保するためには，人間を制御できてしまっては困るのです。
>
> 　初回面接でのセラピストは，すでに3回，同じようなコミュニケーションを繰り返していることに気づきます。コミュニケーション・パターンという視点を携えて面接に臨むと，生起するコミュニケーションや鍵となる言葉の発言回数などをリア

ルタイムでカウントできるようになります。会話をしながらコミュニケーションを見定める，メタ・ポジションが育っていくのです。

さて，両親のフレームが把握できず，もどかしく感じるセラピスト。ベイトソンは，ガラスを打ちつけた時に，ひびが入ることは予測できても，事前に割れ目の方向まで予測することはできないといいます (1)。同様に，悪循環を同定し断つことはできても，そのことは悪循環からの離脱後の状況を予測してはくれません。だからこそ，支援者としてはできるだけ支援対象者に負担をかけることがないよう，一歩一歩，丁寧に事を進めようとするのです。

このような局面で顕わになる，予測と制御の限界に代わるのが，コミュニケーションによって理解を深める方向性です。その際，キーワードとなるのが「ニーズ」である，というのが本章の示唆ですが，ニーズがもともとクリアなかたちで支援対象者のなかに存在しており，まるで壺のなかの梅干しをひょいとつまみ出すのと同じような感覚で取り出せるかというと，そのようなことはありません。なぜなら，梅干しと違って「支援対象者のなかの純然たるニーズ」とは，実在というよりは１つの仮定であり，コミュニケーションによってしか接触できないにもかかわらず，そのことで「セラピストとの共同制作物としてのニーズ」へと移行してしまうからです。そこには「支援対象者のニーズ『という名の支援者の理解』」があるだけで，このことはニーズに限らず，一見支援対象者の側に属するかのように見える特色はすべて，支援者の構成物にとどまらざるをえない，と考えることができます。ですから，理解はいつも仮説

止まり，完了することがその本性上できないことになります。すると理解は「ああでもない？　こうでもない？　どうなんだろう？」という自己内対話の形をとり，考えても考えてもわからないという，そのわからなさ（閉じ）が次のコミュニケーションを駆動するのです。

　本事例における「こうしてご両親にもわかって，あの，よかった……ですよね？」というセラピストの問いかけからも，まるでセラピストが自身の内的対話を外的な対話へと滑り出させているかのような印象を受けます。支援者の理解は再構成を免れないという限界をわきまえ，支援者みずからの内に対話を続ける，その力能こそがシステム論を用いた支援の端緒となるようです。

　こうして，支援者の疑問，不安，混乱なども事例の一部になります。支援者の経験に定位した実践，また事例記述の仕方は，支援者の観察を観察する，セカンドオーダー・サイバネティクスの一臨床応用例といえそうです。

（田中）

あとがき

12月24日，クリスマス・イブ。京都駅付近はいつも以上の人通りで，油断すると大躯の外国人観光客ともぶつかりそうになる。もうどこでもいいからと，趣旨のはっきりしないバルのような店を見つけて，まだガラガラなのにみんなで急いで入る。けっして投げやりになっていたわけではない。恋人たちに蹂躙される前に，一日中続いた会議の打ち上げ場所を陣取りたかっただけなのだ。事例の内容が偏らないよう本書を構成するにあたり，完成に漕ぎ着けるまでの見通しをつけられたのには，編者と編集者の4名で頭を突きあわせて行ったこの日の作業によるところが大きい。

      *   *   *

本書のタイトル『みんなのシステム論』は企画当初からの仮題だったが，いつの頃からか4名全員なんとなく親しみをもってしまい，そのまま本採用となった。日本人の共同体感覚について云々する資格は私にはまったくないのだが，日本人には良くも悪くも「みんな」という感覚がしっとりと馴染むのかもしれない。狭い島国で袖ふれ合ってきたからだろうか。個人が神との関係で成立するとすれば，協働とは個人と個人があえてそうするものにならざるを得ない。しかし，支援にはそもそも多くの関係者がかかわっている。ことさらに意識せずとも，私たちの基本単位はどこかでずっと「みんな」だっ

たのだろう。編集方針はおのずと定まった。結果はどうか，ざっと数えてみただけでも60名以上の登場人物で本書は賑わっている。

さて，パート2をご担当いただいた執筆陣，システムズアプローチを学んでより数年から10年前後という方が大半を占める，と言ったら驚かれるだろうか？　きっと有能な方々なのだろう，と正しく指摘していただくことはできる。しかし，その点を差し引いても，本書をご一読いただいてシステムズアプローチはマスター・セラピストでなくとも活用可能であることがおわかりいただけたのではないだろうか。

どの論考を読んでいても印象に残るのは，支援者が自分自身の行動を自認し状況次第でそれを変えていく自在さである。システムズアプローチによる実践では「なぜ，そのように行為するのか」という支援者の意図を自覚することが求められる。つまり，もともと支援者へと向かう再帰的な視点が内蔵されている。だから，理論的な相棒として，セカンドオーダー・サイバネティクスあるいは構成主義はいかにもぴったりくる(ちなみに昨今，社会構成主義と構成主義について，前者を人と人との間で現実が構成されるという考え方とし，後者を人のなかで現実が構成される考え方とする対比が見受けられる。詳細はまた別な機会に譲るが，構成主義は社会が前提されている理論であり，その意味で両者の距離はそれほど遠いものではない)。構成という観点から述べるのなら，たとえば「うつ病患者のナラティヴ」なるものは，実践にかかわった支援者またはその論文を作成した著者の一挙手一投足と分かちがたく浸透していることになる(まさに「共同研究につき本人担当部分抽出不可能」である)。ところが，そのようなスタンスが十分加味されていない，あたかも支援対象者が自身の内部貯蔵庫に「純粋ナラティヴ」のようなものを保持していて，それを客観的に取り出したとするような論考が垣間見られる。

そもそも，日本には家族療法，システムズアプローチ，ナラティヴ・セラピーなどがほぼ同時期に，一挙に輸入されたという経緯があり，あるアプローチがどうして変化する必要があったのか，順を追って追体験できないままに現状に至っているところがある。ベイトソン的に表現するなら，「ごちゃまぜ」なのだ。

そのようなわけで，本書パート1にはひときわ地味なポジションでダイナモの役目を果たし続けているセカンドオーダー・サイバネティクスにご登場いただき，支援者を含む支援システムに対する再帰的視点を保持すること，つまり支援者が自己観察することの重要性をあらためて強調することにした。かつての，システム・サイバネティクスへの批判に耳を傾けてみると，とにかくそのターミノロジーがコントロールを感じさせるから根こそぎ駄目なのだという。弁証法的にばっさり切り捨てる手法は鮮烈な印象を残すが，よくよく考えてみると，まあそうおっしゃらずに，大事な財産なのだから活用しませんか，とぼそっと言いたくなる。

　利点の一例を挙げるなら，セカンドオーダー・サイバネティクスを蝶番とすると，支援対象者への支援（これはどの流派も取り組んできたことである），関係者との連携（これはシステム論が得意とするところだろう），そして支援者の自己観察（臨床実践のアルファにしてオメガである）がシームレスにつながるのである。支援者の自己観察は臨床教育の基礎であり，一方で現場レベルでは多職種による連携がますますその重要性を増している。こうして，システム論を臨床教育から臨床実践まで，基礎から応用まで幅広く活用するための見取り図を描くことができる。

＊　＊　＊

　空席が心配になるほどだった店内は，数時間が経って立錐の余地がなくなった。合コンなのだろうか，隣で大騒ぎしている連中に嫌気がさして，いや，正直に言うと，少しの羨ましさとあんなふうに騒げない物寂しさを胸の奥にしまって，皆と連れ立って店を出る。

　京都駅へと向かう道すがら，わざわざ見上げなくても認識できるほどの大きな月が目に映る。月の光はご存知の通り，太陽の光である。月は自分で光ることをしない。自分が自分がと喧伝しないその佇まいは，みんなの力を最大限活かそうと知恵をしぼり，控え目に，しかししぶとく現場に食いさがるシステム支援者のたしなみと重なってみえる。

あとがき

　12 人目のプレイヤーならぬ,「4 人目の編者」は日本評論社の木谷陽平氏である。編者たちのたわいもないおしゃべりを企画としてまとめていただき,以後議論や進行が錯綜しそうなタイミングで絶妙な舵取りをしていただいた。記して感謝を申し上げたい。

2019 年 5 月　編者を代表して

田中 究

参考文献

第1章

(1) Bateson, G. (1972) *Step to an ecology of mind.* University of Chicago Press.（佐藤良明訳〔1990〕『精神の生態学』思索社）

(2) Bateson, G. (1979) *Mind and nature: A necessary unity.* E.P.Dutton.（佐藤良明訳〔2001〕『精神と自然：生きた世界の認識論 改訂版』新思索社）

(3) Berman, M. (1981) *The reenchantment of the world.* Cornell University Press.（柴田元幸訳〔1989〕『デカルトからベイトソンへ：世界の再魔術化』国文社）

(4) von Bertalanffy, L. (1968) *General system theory.* George Braziller.（長野敬，太田邦昌訳〔1973〕『一般システム理論：その基礎・発展・応用』みすず書房）

(5) von Glasersfeld, E. (1995) *Radical constructivism: A way of knowing and learning.* Routledge.（西垣通監修，橋本渉訳〔2010〕『ラディカル構成主義』NTT出版）

(6) von Foerster, H. (1970) Thoughts and notes on cognition. In: Garvin, P.L. (ed.) *Cognition: A multiple view.* pp.25-48. Spartan Books.

(7) von Foerster, H. (1973) On Constructing a Reality. In: Preiser,F.E. (ed.) *Environmental Design Research* 2: 35-46.
　※ 本論文はその後，Watzlawick,P. (ed.)(1984) *The Invented Reality.* W.W.Norton. に収録された。

(8) von Foerster, H. (1979) Cybernetics of cybernetics. In: Krippendorff K. (ed.) *Communication and control in society.* pp.5-8. Gordon and Breach.

(9) von Foerster, H. (1991) Ethics and second-order cybernetics. In: Ray, Y., & Prieur, B. (eds.) *Systèmes, éthiques, perspectives en thérapie familiale.* pp.41-55. ESF editeur.
　※ (6) (7) (8) (9) は，von Foerster, H. (2003) *Understanding understanding: Essays on cybernetics and cognition.* Springer. に収められている．

(10) 橋本渉 (2010)「ハインツ・フォン・フェルスターの思想とその周辺：ネオ・サイバネティクスの黎明期を中心に」『思想』1035: 98-114.

(11) Heims, S.J. (1991) *Constructing a social science for postwar America: The cybernetics group, 1946-1953.* The MIT Press.（忠平美幸訳〔2001〕『サイバネティクス学者たち：アメリカ戦後科学の出発』朝日新聞社）

(12) 河本英夫 (1995)『オートポイエーシス：第三世代システム』青土社
(13) Maruyama, M. (1963) The second cybernetics: Deviation-amplifying mutual causal processes. *American Scientist* 51(2): 164-179.（佐藤敬三訳〔1984〕「セカンド・サイバネティクス」『現代思想』12(14): 198-214.）
※「イケイケループ」はポジティブフィードバック、「そだねーループ」はポジティブ・フィードバックのこと。
(14) Maturana, H.R., & Varela, F.J. (1973) *De Máquinas y Seres Vivos.* Editional Universitaria. (English version: Matsurana & Varela, 1975)
(15) Maturana, H., & Varela, F. (1980) *Autopoiesis and cognition: The realization of the living.* D. Reidel Publishing.（河本英夫訳〔1991〕『オートポイエーシス：生命システムとは何か』国文社）
(16) Miller, J.G. (1978) *Living systems.* Mcgraw-Hill.
(17) 西垣通 (2012)『生命と機会をつなぐ知：基礎情報学入門』高陵社書店
(18) Wertheimer, M. (1945) *Productive thinking.* Harper.（矢田部達郎訳〔1952〕『生産的思考』岩波書店）
(19) Wiener, N. (1948) *Cybernetics or control and communication in the animal and the machine. Second ed.* MIT Press.（池原止戈夫, 彌永昌吉, 室賀三郎他訳〔1962〕『サイバネティックス：動物と機械における制御と通信 第2版』岩波書店）
(20) 吉川悟, 東豊 (2001)『システムズアプローチによる家族療法のすすめ方』ミネルヴァ書房
※家族療法のジレンマを明示した論文を紹介している。

第2章

(1) Anderson, H.A. (1997) *Conversation, language, and possibilities: A postmodern approach to therapy.* Basic Books.（野村直樹, 青木義子, 吉川悟訳〔2001〕『会話・言語・そして可能性：コラボレイティヴとは？セラピーとは？』金剛出版）
(2) Clarke, B., & Hansen, M.B.N. (eds): *Emergence and embodiment: New essays on second-order systems theory.* Duke University Press, 2009.
(3) von Foerster, H. (1984) On constructing reality. In: Watzlawick, P. (ed.) *The invented reality: How do we know what we believe we know? Contributions to constructivism.* pp.41-61. W.W.Norton.
(4) 東豊 (1993)『セラピスト入門』日本評論社
(5) 東豊 (1997)『セラピストの技法』日本評論社
(6) 東豊 (2010)『セラピスト誕生』日本評論社
(7) 東豊 (2013)『リフレーミングの秘訣』日本評論社
(8) 河本英夫 (1995)『オートポイエーシス：第三世代システム』青土社

(9) Kim Berg, I., & Miller, S.D. (1992) *Working with the problem drinker: A solution-focused approach.* W.W.Norton.（斎藤学監訳〔1995〕『飲酒問題とその解決：ソリューション・フォーカスト・アプローチ』金剛出版）
(10) 児島達美 (1990)「心理療法における『問題の外在化』および治療関係の『3項構造化』について」『上智大学心理学年報』14: 119-127.
(11) Luhmann, N. (1984) *Soziale systeme.* Suhrkamp.（佐藤勉監訳〔1993〕『社会システム論（上・下）』恒星社厚生閣）
(12) Maturana, H., & Varela, F. (1980) *Autopoiesis and cognition: The realization of the living.* D. Reidel Publishing.（河本英夫訳〔1991〕『オートポイエーシス：生命システムとは何か』国文社）
(13) Minuchin, S. (1974) *Families & family therapy.* Harvard University Press, 1974.（山根常男監訳〔1984〕『家族と家族療法』誠信書房）
(14) 中野真也，吉川悟 (2017)『システムズアプローチ入門：人間関係を扱うアプローチのコミュニケーションの読み解き方』ナカニシヤ出版
(15) 西垣通，河島茂生，西川アサキ他編 (2014)『基礎情報学のヴァイアビリティ：ネオ・サイバネティクスによる開放系と閉鎖系の架橋』東京大学出版会
(16) Selvini, M.P., Boscolo, L., Cecchin, G. et al. (1980) Hypothesizing-circularity-neutrality: Three guidelines for the conductor of the session. *Fam Process* 19(1): 3-12.
(17) 田中究 (2012)「オートポイエーシス・システムによる学校臨床へのアプローチ」『ブリーフサイコセラピー研究』21(2): 56-69.
(18) 十島雍蔵 (2001)『家族システム援助論』ナカニシヤ出版
(19) Watzlawick, P., Bavelas, J.B., Jackson, D.D. (1967) *Pragmatics of human communication: A study of interactional patterns, pathologies, and paradoxes.* W.W.Norton.（山本和郎監訳〔1998〕『人間コミュニケーションの語用論：相互作用パターン，病理とパラドックスの研究』二瓶社）
(20) White, M., & Epston, D. (1990) *Narrative means to therapeutic ends.* W.W.Norton.（小森康永訳〔1992〕『物語としての家族』金剛出版）
(21) 吉川悟 (1993)『家族療法：システムズアプローチの〈ものの見方〉』ミネルヴァ書房
(22) 吉川悟 (1997)「『治療者にいじめられてきた』と訴える患者とどう会話したのか：オートポイエーシスの視点を治療の説明として」『ブリーフサイコセラピー研究』6: 61-81.
(23) 吉川悟編 (2009)『システム論からみた援助組織の協働：組織のメタ・アセスメント』金剛出版
(24) 吉川悟，東豊 (2001)『システムズアプローチによる家族療法のすすめ方』ミネルヴァ書房

第 3 章

(1) 木場律志 (2017)「家族のチカラが『心身症』を治す：心身症診療での逆転」坂本真佐哉編『逆転の家族面接』pp.98-114. 日本評論社
(2) 久保千春編 (2013)『心身症（「最新医学別冊 新しい診断と治療のABC 78 精神8)』最新医学社
(3) 福永幹彦，木場律志，町田英世 (2015)「心療内科：単独で、あるいはコーディネーターとして」『家族療法研究』32(3): 247-252.

第 4 章

(1) 森谷奈美子，深井浩二，須藤真由他 (2014)「理不尽な言動のある境界性パーソナリティ障害患者の看護：看護師の不全感についての考察」『日本精神科看護学術集会誌』57(3): 265-269.
(2) 水野きよ美，岩田明子，小林浩子他 (2011)「境界性人格障害患者の事例を通して：患者の問題行動への介入の経過からの気づき」『日本精神科看護学会誌』54(3)：86-89.
(3) Paris, J. (2015) Why patients with severe personality disorders are overmedicated. *J Clin Psychiatry* 76(4)：e521.
(4) Newton-Howes, G., Tyrer, P., Johnson, T. (2006) Personality disorder and the outcome of depression：Meta-analysis of published studies. *Br J Psychiatry* 188(1)：13-20.
(5) Bodner, E., Cohen-Fridel, S., Mashiah, M. et al. (2015) The attitudes of psychiatric hospital staff toward hospitalization and treatment of patients with borderline personality disorder. *BMC psychiatry* 15, Article ID 2.
(6) 東豊 (2010)『家族療法の秘訣』日本評論社
(7) 日本家族研究・家族療法学会編 (2013)『家族療法テキストブック』金剛出版

■ システム MEMO
(1) Hoffman, L.: *Foundations of family therapy: A conceptual framework for systems change.* Basic Books,1981.（亀口憲治訳〔2006〕『家族療法の基礎理論：創始者と主要なアプローチ』朝日出版社）
(2) Wynne, L.C., McDaniel, S.H., Weber, T.T. (eds.) (1986) *Systems consultation: A new perspective for family therapy.* The Guilford Press, 1986.
(3) 吉川悟編 (1999)『システム論からみた学校臨床』金剛出版

第 5 章

(1) 児島達美 (1990)「心理療法における『問題の外在化』および治療関係の『3 項構造化』について」『上智大学心理学年報』14: 119-127.
(2) 児島達美 (2001)「コンサルテーションからコンサルテーション・リエゾンへ」宮田敬一編『産業臨床におけるブリーフセラピー』pp.27-37. 金剛出版
(3) 厚生労働省 (2006)「労働者の心の健康の保持増進のための指針」(https://www.mhlw.go.jp/hourei/doc/kouji/K151130K0020.pdf)
(4) 松浦真澄 (2016)「外部機関としての関わり：役割と責任を意識したコンサルテーション」新田泰生，足立智昭編『心理職の組織への関わり方：産業心理臨床モデルの構築に向けて』pp.46-54. 誠信書房
(5) 松浦真澄 (印刷中)「組織へのコンサルテーションと心理教育」新田泰生編『産業・組織心理学』遠見書房
(6) White, M., & Epston, D. (1990) Narrative means to therapeutic ends. W.W.Norton (小森康永訳〔1992〕『物語としての家族』金剛出版)
(7) 米沢宏 (2001)「アルコール依存症」宮田敬一編『産業臨床におけるブリーフセラピー』pp.207-222. 金剛出版

第 6 章

(1) Selvini, M.P., Boscolo, L., Cecchin, G. et al. (1980) Hypothesizing-circularity-neutrality: Three guidelines for the conductor of the session. *Fam Process* 19(1): 3-12.
(2) Watzlawick, P., Bavelas, J.B., Jackson, D.D. (1967) *Pragmatics of human communication: A study of interactional patterns, pathologies, and paradoxes.* W.W.Norton. (山本和郎監訳〔1998〕『人間コミュニケーションの語用論：相互作用パターン，病理とパラドックスの研究』二瓶社)
(3) 赤津玲子，吉川悟 (2012)「初学者のためのシステムズアプローチによる集団スーパービジョン・システム (SGSS) の実践報告」『家族療法研究』29(1): 67-72.
(4) 吉川悟「システムズ・コンサルテーションの学校臨床での利用」吉川悟編『システム論からみた学校臨床』pp.217-234，金剛出版
(5) 吉川悟，阪幸江「学級崩壊など集団の問題へのシステムズ・コンサルテーション」吉川悟編『システム論からみた学校臨床』pp.267-277，金剛出版

第 7 章

▶ 吉川悟編 (2009)『システム論からみた援助組織の協働：組織のメタ・アセスメント』pp.9-50. 金剛出版.

- 吉川悟, 村上雅彦編 (2001)『システム論からみた思春期・青年期の困難事例』金剛出版
- 吉川悟 (1993)『家族療法：システムズアプローチの〈ものの見方〉』ミネルヴァ書房
- 畠山とも子，児玉久仁子編 (2019)「家族ケアの"困った場面"解決法：システムズアプローチの理解と活用」『看護技術』65(5): 1-23, 25-129, 131-160.

■ システム MEMO
(1) 東豊 (2013)『リフレーミングの秘訣』日本評論社

第 8 章

- 厚生省高齢者介護対策本部事務局監修 (1995)『新たな高齢者介護システムの構築を目指して：高齢者介護・自立支援システム研究会報告書』ぎょうせい
- 東京都福祉保健局高齢社会対策部介護保険課 (2013)『居宅介護支援専門員業務の手引(改訂3版)』東京都
- 東豊 (2010)『セラピスト誕生：面接上手になる方法』日本評論社

第 9 章

(1) 国立がん研究センター がん情報サービス (2015)「がんの療養と緩和ケア」(https://ganjoho.jp/public/support/relaxation/palliative_care.html)

第 11 章

(1) 東豊 (1993)『セラピスト入門：システムズアプローチへの招待』日本評論社
(2) 吉川悟編 (1999)『システム論からみた学校臨床』金剛出版

第 12 章

(1) Anderson, H.A. (1997) *Conversation, language, and possibilities: A postmodern approach to therapy*. Basic Books. (野村直樹，青木義子，吉川悟訳〔2001〕『会話・言語・そして可能性：コラボレイティヴとは？セラピーとは？』金剛出版)
(2) Anderson, H.A., & Goolishian, H.A. (1988) Human systems as linguistic systems: Preliminary and evolving ideas about the implications for clinical theory. *Fam Process* 27(4): 371-393. (野村直樹著／訳〔2013〕『協働するナラティヴ：グーリシャンとアンダーソンによる論文「言語システムとしてのヒューマンシステム」』遠見書房)

(3) McNamee, S., & Gergen, K.J. (1992) *Therapy as social construction.* Sage Publication. (野口裕二,野村直樹訳〔1997〕『ナラティヴ・セラピー：社会構成主義の実践』金剛出版)
(4) 吉川悟 (2004)『セラピーをスリムにする！：ブリーフセラピー入門』金剛出版

■ システム MEMO
(1) Bateson, G. (1979) *Mind and nature: A necessary unity.* E.P.Dutton. (佐藤良明訳〔2001〕『精神と自然：生きた世界の認識論 改訂版』新思索社)

■ 編者紹介

赤津玲子（あかつ・れいこ）

龍谷大学文学部臨床心理学科准教授。臨床心理士，公認心理師。龍谷大学大学院文学研究科教育学専攻博士後期課程終了。博士（教育学）。児童相談所，神戸ファミリールーム，スクールカウンセラー，心療内科勤務を経て，2012年より龍谷大学文学部講師，2015年より現職。
著書：『システム論からみた援助組織の協働：組織のメタ・アセスメント』（分担執筆，金剛出版），『対人援助における臨床心理学入門』（分担執筆，ミネルヴァ書房），『逆転の家族面接』（分担執筆，日本評論社），『システムズアプローチによるスクールカウンセリング』（共編，金剛出版）

田中 究（たなか・きわむ）

関内カウンセリングオフィス代表。臨床心理士，公認心理師。日本家族療法学会認定スーパーヴァイザー。
慶應義塾大学大学院社会学研究科修士課程修了。精神科病院・精神科クリニック，公立学校スクールカウンセラー等の勤務を経て，2008年より現職。現在，慶應義塾大学保健管理センター，東京大学大学院教育学研究科附属心理教育相談室の勤務，跡見学園女子大学，大妻女子大学等非常勤講師を兼ねる。
著書：『不登校・ひきこもりに効く ブリーフセラピー』（分担執筆，日本評論社），『ワークで学ぶ学校カウンセリング』（分担執筆，ナカニシヤ出版）

木場律志（きば・ただし）

神戸松蔭女子学院大学人間科学部心理学科／神戸松蔭女子学院大学大学院文学研究科心理学専攻講師。臨床心理士，公認心理師。神戸松蔭女子学院大学文学研究科心理学専攻臨床心理学コース修士課程修了，関西医科大学大学院医学研究科（心療内科学）博士課程修了。博士（医学）。大学病院や民間病院の心療内科，私立中学校・高校・大学の相談室などで臨床心理士として相談業務に従事する傍らで大学非常勤講師を務め，2018年より現職。
著書：『逆転の家族面接』（分担執筆，日本評論社）

■ 執筆者紹介（執筆順）

堀込俊郎（ほりごめ・としろう）
慶應義塾大学医学部精神・神経科学教室

松浦真澄（まつうら・ますみ）
東京理科大学工学部教養

伊東秀章（いとう・ひであき）
龍谷大学文学部臨床心理学科

横田益美（よこた・ますみ）
駒沢女子大学看護学部看護学科

濱田美由貴（はまだ・みゆき）
アースサポート株式会社

吉田幸平（よしだ・こうへい）
関西医科大学心療内科学講座
関西医科大学付属病院がん治療・緩和ケアセンターがん支持療法チーム

辻 育子（つじ・いくこ）
社会福祉法人 聖家族の家

法澤直子（ほうさわ・なおこ）
長崎純心大学地域連携センター
長崎県スクールカウンセラー

安江高子（やすえ・たかこ）
関内カウンセリングオフィス

みんなのシステム論
対人援助のためのコラボレーション入門

2019年 8月20日 第1版第1刷発行

編 者	赤津玲子　田中 究　木場律志
発行所	株式会社 日本評論社
	〒170-8474　東京都豊島区南大塚3-12-4
	電話：03-3987-8621［販売］
	03-3987-8598［編集］
	振替：00100-3-16
印刷所	精文堂印刷
製本所	難波製本
装 幀	土屋 光（Perfect Vacuum）

検印省略　© 2019 Akatsu, R. Tanaka, K. Kiba, T.
ISBN978-4-535-56375-9　Printed in Japan

JCOPY 〈(社)出版者著作権管理機構 委託出版物〉
本書の無断複写は著作権法上での例外を除き禁じられています。複写される場合は、そのつど事前に、(社)出版者著作権管理機構（電話 03-5244-5088、FAX 03-5244-5089、e-mail：info@jcopy.or.jp）の許諾を得てください。また、本書を代行業者等の第三者に依頼してスキャニング等の行為によりデジタル化することは、個人の家庭内の利用であっても、一切認められておりません。

今日から始まるナラティヴ・セラピー
―― 希望をひらく対人援助

坂本真佐哉=著　●本体2,000円+税

子どもの不登校から健康問題まで。「問題」のかげに隠れた希望のプロットに光を当て、新たなストーリーを紡ぐ会話の世界にようこそ。

不登校・ひきこもりに効く ブリーフセラピー

坂本真佐哉・黒沢幸子=編　●本体2,300円+税

不登校・ひきこもり支援の第一線で活動する専門家たちが、からまった糸を解きほぐす臨床心理学の技法をやさしく解説。

セラピスト入門 ―― システムズアプローチへの招待

東豊=著　●本体1,800円+税

ある精神臨床医をして「目からウロコが落ちた」と言わしめたセラピスト東豊の技法。その理論を事例をふんだんに駆使しつつ明快に説く。

オープンダイアローグがひらく精神医療

斎藤環=著　●本体2,000円+税

「開かれた対話」を通じて精神疾患にアプローチする。この画期的な手法であり思想を、日本に導入すべく奔走する著者の最新論集。

対話がひらく こころの多職種連携
こころの科学 SPECIAL ISSUE

山登敬之=編　●本体1,400円+税

必要が言われながら、なかなか実現に至らない多職種連携。「対話」をキーワードに、実践のヒントを多様な立場から語ってもらう。

日本評論社
https://www.nippyo.co.jp